धीरज का जादू

लेखक की पुस्तकें

सरश्री
गीता ज्ञान
कर्मात्मा से परमात्मा की ओर

सरश्री
ध्यान
कैसे और क्यों करें ?

सरश्री
ईश्वर
से
मुलाकात

सरश्री
अभिमान
को करें
बाय-बाय

सरश्री
इच्छाओं
को करें
बाय-बाय

सरश्री
धीरज का
जादू

सरश्री
तुरंत खुशी कैसे पाएं
स्वीकार
का
जादू
CD
सहित

सरश्री
छोटी सोच
को करें
बाय-बाय

सरश्री
जीवन के
महान् रहस्य
The great secret of life

धीरज का जादू

संतुलित जीवन संगीत 8

watch, wait with wonder

सरश्री

प्रभात
पेपरबैक्स
www.prabhatbooks.com

प्रकाशक

प्रभात पेपरबैक्स

4/19 आसफ अली रोड, नई दिल्ली–110002

फोन : 23289777 • हेल्पलाइन नं. : 7827007777

इ–मेल : prabhatbooks@gmail.com ❖ वेब ठिकाना : www.prabhatbooks.com

संस्करण

2017

मूल्य

एक सौ पचास रुपए

अ.मा.पु.स. 978-93-5266-283-8

मुद्रक

आर–टेक ऑफसेट प्रिंटर्स, दिल्ली

★

DHEERAJ KA JADU

by Sirshree Tejparkhi

Published by **PRABHAT PAPERBACKS**

4/19 Asaf Ali Road, New Delhi-110002

ISBN 978-93-5266-283-8

₹150.00

भगवान् दत्तात्रय महाराज गुरु की तलाश में महाराष्ट्र से लेकर कर्नाटक और आंध्रप्रदेश से गुजरात तक भटकते रहे। जहाँ उन्होंने 24 संभावित गुरुओं का नाम अपनी सूची में दर्ज किया। इन गुरुओं के माध्यम से वे संतुलित जीवन संगीत की धुन छेड़ पाए। इसलिए यह पुस्तक समर्पित है भगवान् दत्तात्रय महाराज को, जो गुरु की तलाश में धीरज के धनवान बन गए।

अनुक्रम

पुस्तक का लाभ ऐसे लें

1. यह पुस्तक धीरज की लॉटरी है। लग गई (समझ में आ गई) तो आप धीरज के धनवान बन जाएँगे। धीरज का धनवान बनने के लिए इसे पढ़ते वक्त धीरज के साथ, रोज एक-एक अध्याय पढ़ें।

2. यदि आप दु:खद विचारों से परेशान हैं तो पहले भाग 17 पढ़ें। इसमें आप अपने विचारों को बदलने की कला सीखेंगे, जिसे महाअनुवाद या धीरजवार कहा गया है।

3. धैर्य, संयम, सहनशीलता, सब्र, पेशंस या धीरज के साथ कार्य कर, अपने जीवन में आश्चर्य देखें और इनके विपरीत—असहिष्णुता, उतावलापन, बेचैनी, बेसब्री, इंपेशंस या अधीरता से सावधान रहें।

4. इस पुस्तक में लेखक का अर्थ दिया गया है। हर डब्ल्यू के साथ एक शब्द जोड़ा गया है : w वॉच, w वेट, w वंडर। www.com का वास्तविक अर्थ कंप्यूटर के साथ जुड़ा हुआ है। जो लोग कंप्यूटर जानते हैं, वे इसे आसानी से समझ सकते हैं। जो नहीं जानते, वे यह समझें कि कंप्यूटर के साथ इंटरनेट की दुनिया जुड़ी है। इंटरनेट के जरिए आप मीलों दूर बैठे लोगों से संपर्क कर सकते हैं। इंटरनेट के और कई उपयोग हैं पर बहरहाल यह समझें कि इंटरनेट के जरिए किसी भी वेबसाइट पर जाने के लिए www.com ये शब्द टाइप किए जाते हैं।

प्रस्तावना

सब्र का फूल कमल
अधैर्य का फल फीका, असफल

अधैर्य : मेरे साथ हो रहा सब वर्स्ट है

धीरजवार : आगे केवल बेस्ट है, क्योंकि आज बेस्टेस्ट है

कुदरत का खेल सराहनीय है... जादुई है... रहस्यमयी है... आश्चर्यजनक है। कब? कैसे और कहाँ?

यहाँ कल की सीमा है तो वर्तमान की समाधि भी है।
यहाँ खाइयाँ हैं तो पहाड़ों की ऊँचाइयाँ भी हैं।
यहाँ बीमारियाँ हैं तो कुदरती दवाइयाँ भी हैं।
शरीर की सीमाएँ हैं तो सागर का विस्तार भी है।
अधैर्य का नगर है तो धैर्य का मंदिर भी है।
समस्या की हार है तो हल की जीत भी है।
माया का उतावलापन है तो धीरज का जादू भी है।

जी हाँ, यहाँ हर समस्या का हल सहजता से उपलब्ध है एवं सरल और सीधा है। जरूरत है तो केवल कुदरत के तरीके को स्वीकार करने की और धीरज के साथ उसके फल का इंतजार करने की। क्योंकि स्वीकार और धीरज

के साथ संतुलित जीवन का गहरा रिश्ता है।

जब भी जीवन में कुछ अनचाही घटनाएँ होती हैं तो ये छोटी-छोटी घटनाएँ भी हमारा हृदय (हमें) बंद करके, दुःख लाती हैं। उस दुःख से बाहर निकलने के लिए यह सवाल पूछकर, स्वीकार का जादू इस्तेमाल करें—

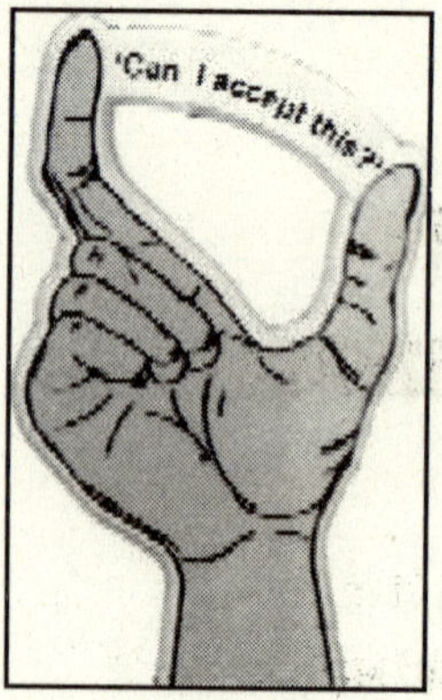

'क्या मैं इसे स्वीकार कर सकता हूँ?'

इस जादू को विस्तार से समझने के लिए आप तेजज्ञान फाउंडेशन द्वारा प्रकाशित पुस्तक 'स्वीकार का जादू' पढ़ सकते हैं।

आइए, अब प्रस्तुत पुस्तक द्वारा जान लें कि स्वीकार के जादू की तरह, धीरज का जादू हमारे जीवन में क्या कमाल कर सकता है।

सबसे पहले सुनी हुई कहानी पढ़ने का धीरज रखकर, धीरज बढ़ाने का श्रीगणेश करें। ताकि आप अपने जीवन में धीरज की शक्ति का सही और पूर्ण लाभ उठा पाएँ।

एक गरीब किसान था। वह अपनी छोटी सी जमीन में खेती करके, किसी तरह अपने परिवार की गुजर-बसर कर लेता था। एक दिन हुआ यूँ कि किसान सुबह-सबेरे तैयार होकर खेती का सामान लिए, खेत पर जाने के लिए निकल रहा था कि अचानक उसकी नजर, उसके आँगन में पड़े एक गोलाकार सोने जैसी चमकती हुई चीज पर पड़ी। नजदीक जाकर किसान ने उस चीज को हाथ में उठाकर देखा तो वह हक्का-बक्का रह गया। उसने जाना कि यह तो सोने का अंडा है। किसान को बड़ा आश्चर्य हुआ कि यह कहाँ से आया और खुशी भी हुई कि चलो, अब उसके गरीबी के दिन बीत जाएँगे। इस तरह सोचते-सोचते ही दिन बीत गया।

दूसरे दिन सुबह फिर किसान की नजर आँगन में पड़े एक और सोने के अंडे पर पड़ी। अब तो उसकी खुशी का कोई ठिकाना ही न रहा। वह खुशी से फूला नहीं समाया। इस बार वह समझ गया कि अंडा

मेरे मन में कोई रुकावट तो नहीं है?' ऐसे कारणों से भी चीजें अटक जाती हैं।

इस तरह धीरज के जादू द्वारा हर कारण ढूँढ़कर अपने मन को अकंप बनाएँ। इससे आप जब चाहें अपने मन को शांत रख पाएँगे। जिन घरों में उतावले बच्चों की जिद पूरी करने के लिए माँ-बाप तुरंत उन्हें नई चीजें लाकर देते हैं, उन बच्चों का क्या होता है? वे किसी भी चीज का पूरा आनंद नहीं ले पाते। बच्चे हर खिलौने के साथ पूरा खेलें, उस एक खिलौने में खेलने की जितनी संभावना है, जितने अलग-अलग ढंग से उसे खेला जा सकता है, बच्चे यह जान जाएँ तो उन्हें पूरा आनंद और धीरज का उपहार मिल सकता है।

अत: आपको जो जीवन मिला है, उसका आप पूरा आनंद लें और टी. वी. के चैनल बदलते रहनेवालों की तरह अधैर्य भरा जीवन न जीएँ।

एडिसन की इच्छा थी कि प्रकाश का आविष्कार हो, हर जगह लाईट हो। यह उनकी इच्छा थी। इस इच्छा को पूरा करने के लिए उन्होंने कई प्रयोग किए। वह भी तुरंत प्रकाश लाना चाहते थे, परंतु उन्होंने कुदरत के संकेत को समझा कि 'तुम अपने प्रयोग शुरू करो, हर प्रयोग के बाद समझते जाओ कि लाइट कब तैयार नहीं होती। किन प्रक्रियाओं से बिजली तैयार नहीं होती।' इस तरह प्रयोग करते-करते उन्होंने ऐसे दस हजार तरीके ढूँढ़ निकाले, जिनसे बिजली तैयार नहीं होती। उन्होंने अपनी नोटबुक पर शीर्षक लिखा था- 'बिजली तैयार न होने के दस हजार तरीके।'

आज आप देखेंगे कि उनकी इच्छा पूरी हो चुकी है। बटन दबाओ तो तुरंत बल्ब जल जाता है, प्रकाश आ जाता है। तुरंत प्रकाश लाने के लिए धीरज की शक्ति के साथ दस हजार प्रयोग हुए!

अत: आप भी हर चीज धीरज के धनवान बनकर प्राप्त करें और धीरज के जादू को अपने जीवन में कार्य करने का मौका दें। यकीनन जल्द ही वह कमल (कुल-मूल लक्ष्य) खुलेगा, जो सब्र का फूल है।

...सरश्री

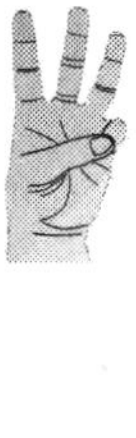

वे लोग कितने गरीब हैं, जिनके पास धैर्य नहीं है।

—शेक्सपियर

धैर्य कड़वा है, लेकिन इसका फल मीठा होता है।

—रूसो

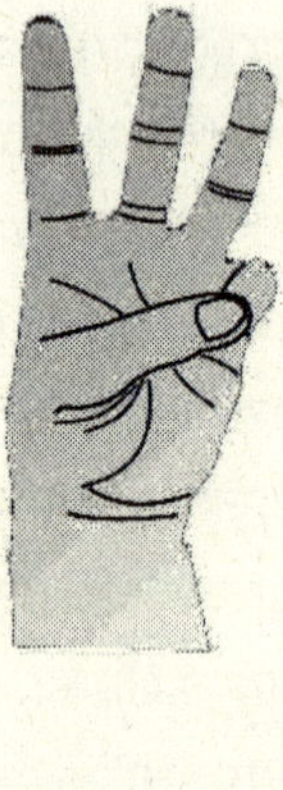

खंड 1

वॉच, वेट विथ वंडर

भाग 1

सच्चे जीवन संगीतकार कैसे बनें

चार प्रकार के लोग

अधैर्य : सारे जहाँ में कपट है

धीरजवार : ईश्वर तो तेरे निकट है, जिससे नहीं करना तुझे कपट है

संतुलित जीवन संगीत का आनंद लेने का पहला द्वार है—धीरज के धनवान बनना। धीरजवान बनकर ही आप एक-एक कदम, एक-एक सुर, एक-एक चाबी को प्रेस करना सीखेंगे, यानी उसका उचित इस्तेमाल करना सीखेंगे। संतुलित जीवन संगीत को सीखने की इच्छा रखनेवाले लोग चार तरह के होते हैं।

1. पहली तरह का इनसान वह है, जो कई समस्याओं के साथ जीवन जी रहा है, उसे कोई समाधान नहीं दिख रहा होता है पर वह जीवन संगीत सीखना चाहता है।

2. दूसरी तरह के इनसान को भी कई समस्याएँ होती हैं, लेकिन उसे उनके समाधान मिले होते हैं। जैसे उसकी बीमारी के लिए लोगों ने उसे इलाज बताया है कि 'फलाँ दवा ले लो, फलाँ डॉक्टर से मिल लो तो ठीक हो जाओगे।' इसी तरह परीक्षा में नंबर कम आए तो किसी ने बताया है कि 'फलाँ

जगह एडमिशन ले लो, वहाँ इतने नंबरों में भी एडमिशन मिल जाएगा।' किसी को अपनी बेटी की शादी की चिंता हो तो उसे किसी ने आश्वासन दिया कि 'चिंता मत करो, तुम्हारी बेटी की शादी हम कराएँगे' यानी उसे कोई-न-कोई समाधान मिला होता है, लेकिन काम होना बाकी है।

आप अपने आपको देखकर समझ सकते हैं कि इस समय आप इन दोनों में से किस अवस्था में हैं।

3. तीसरी तरह के लोग वे हैं, जिन्हें कोई समस्या नहीं होती, लेकिन संतुष्टि भी नहीं होती। ऐसे लोग इस तरह की बातें करते हैं कि 'हमें कोई दिक्कत तो नहीं है पर जीवन में आनंद भी नहीं है। जीवन में क्या करना है, क्यों करना है, इसे लेकर स्पष्टता नहीं है। यदि कुछ रचनात्मक कार्य करने का मौका मिले तो शायद संतुष्टि आए।'

4. चौथी तरह के लोग वे हैं, जिन्हें कुछ समस्याएँ हैं। उनमें से कुछ का समाधान उन्हें मिल चुका है और कुछ का समाधान अभी मिलना बाकी है। लेकिन फिर भी वे संतुष्ट हैं। अब सवाल यह है कि चौथी तरह के लोग संतुष्ट क्यों हैं? इसका जवाब है—उन्होंने संतुलित जीवन संगीत सीखा है, वह संगीतकार बन चुके हैं। धीरज का गुण उन्होंने आत्मसात् किया है। हर पल जो घट रहा है, उसके पीछे का सत्य उन्होंने जाना है। संगीतकार जितना बड़ा होगा, वह उतना ही ज्यादा वेट, वॉच एंड वंडर की बात को समझेगा।

सच्चे संगीतकार या जो संगीतकार बनने जा रहे हैं, वे बिल्कुल आप ही की तरह होते हैं। जब कोई संगीतकार स्टेज पर कोई धुन बजाता है तो वास्तव में वह क्या करता है। वह अपने पियानो या वाद्य यंत्र पर एक चाबी दबाता है, फिर तुरंत दूसरी चाबी दबाता है, फिर तुरंत तीसरी और चौथी दबाता है। इस तरह वह उन चाबियों को एक निश्चित क्रम और गति से दबाकर संगीत तैयार करता है, जिसमें एक लय की जरूरत होती है। लेकिन इस पुस्तक के जरिए जिस संगीत की बात की जा रही है, यह एक अनोखे किस्म का संगीत है। इसमें एक चाबी दबाकर दूसरी चाबी तुरंत नहीं दबाई जाती बल्कि इसमें तो एक चाबी दबाने के बाद प्रतीक्षा करनी होती है, सब्र रखना होता है। अर्थात्

इसमें यह जल्दबाजी नहीं होती कि अगली चाबी कब दबाई जाएगी या अगली पंक्ति कब कही जाएगी ? अगली धुन, अगला सुर कब छेड़ा जाएगा ? इंतजार की इन घड़ियों को कहा जाता है—**वॉच, वेट विथ वंडर,** यानी हर घटना को आश्चर्य के साथ देखना और अगले पल का इंतजार करना।

इस पुस्तक द्वारा आपको भी संतुलित जीवन संगीत सीखना है और उसके लिए अपने मन को प्रशिक्षित करना है। मन कभी खाली नहीं रहना चाहता, इसलिए वह कुछ-न-कुछ सोचते रहता है। हो सकता है कि इससे वह और बिगड़ता जाए, क्योंकि हर बार मन को और बड़ी उत्तेजना चाहिए। आज इनसान को एक पैग से नशा आता है तो कल दो लगते हैं, परसों तीन लगते हैं। पहले एक सिगरेट से काम चल रहा था तो अब दो लगती हैं, कुछ दिनों के बाद तीन लगती हैं। ऐसे ही यह सिलसिला बढ़ता जाता है। इस प्रकार की उत्तेजना में खोकर नई समस्या तैयार हो जाती है।

इस मन को प्रशिक्षित करने के लिए धीरज का जादू सीखने की जरूरत है। हमें एक चाभी दबाने के बाद दूसरी चाबी दबाने से पहले बीच के समय में रुकना सीखना है। उस खाली समय में प्रतिसाद चुनाव आजादी क्षेत्र में निर्णय लेना सीखना है। अर्थात् एक घटना हुई और फिर आपने प्रतिसाद दिया, यानी कोई क्रिया की। घटना और क्रिया के बीच में कभी समय बहुत कम होता है तो कभी ज्यादा। इस समय को नाम दिया गया है—प्रतिसाद चुनाव आज़ादी क्षेत्र, जिसमें आपको निर्णय लेना होता है कि 'मैं कौन सा निर्णय लूँ···मैं कौन सा प्रतिसाद दूँ··· ।' वह प्रतिसाद चुनने के लिए आपको बहुत ही कम समय मिलता है।

सबसे पहले तो आपको उस समय को पहचानने का प्रशिक्षण आवश्यक है। यानी संगीतकार पियानो की एक चाबी दबाए और दूसरी दबाने से पहले बीच में जो समय है, इसमें वह देख पाए, धीरज के साथ इंतजार कर पाए, आश्चर्य कर पाए। www.com (Watch, Wait with wonder) यह शुरू हुआ तो आप देखेंगे कि चुनाव सही हुआ, आज़ादी प्राप्त हुई।

बाहरी तथ्यों को लेकर हम आज़ादी की घोषणा करें तो वह असली

आज़ादी नहीं है। असली आज़ादी तब है जब यह मन संगीतकार बन जाए, आनंद ले पाए, असुर न रहकर सुर, ताल, लय में आ जाए।

आप आश्चर्य करना सीखेंगे तो यह देखेंगे कि कैसे हम एक चाबी दबाते हैं और वॉच, वेट विथ वंडर करते हैं। जब आश्चर्यजनक ढंग से समस्या का जवाब आता है तब आपका चेहरा, खिल जाता है। आप यही सोचते हैं कि 'अरे! मैं पहले हड़बड़ाहट में कितनी गलतियाँ करता था, मगर अब नहीं हो रही हैं।' धीरे-धीरे यह हड़बड़ाहट खतम होती जाएगी और **थोड़ा देखें, थोड़ा इंतजार करें मगर आश्चर्य के साथ।**

❐

भाग 2

संतुलित जीवन संगीत की कला

चार प्रकार के संगीतकार

अधैर्य : मैं वासना से डरा हूँ
धीरजवार : मैं उपासना से भरा हूँ

एक अनोखे, अद्‌भुत संगीत स्कूल में आप सबका स्वागत है। यहाँ पर आप जिस संगीत का अभ्यास करने आए हैं, वह बाहर से गुजरनेवालों को सुनाई नहीं देगा। यह एक अलौकिक तरह का संगीत स्कूल है, जो बाहरवालों की समझ से परे है। जिसे केवल सत्य श्रवण, मनन, पठन और लेखन करके ही समझा जा सकता है। जो सत्य प्रेमी इन बातों को अलग-अलग संदेशों में, एनालॉजी द्वारा सुनते आए हैं, वे समझ सकते हैं कि किस संगीत की बात चल रही है। यदि आप भी यह संगीत सीखने की जिज्ञासा रखते हैं तो आइए, इसे चार प्रकार के संगीतकारों की श्रेणी द्वारा विस्तार से समझें। जिसके उपरांत कुछ अलग निर्माण होगा, जिसे महानिर्वाण निर्माण कहा गया है।

पहले प्रकार के संगीतकार वह होते हैं, जो बहुत सारे वाद्य बजाकर, मंच पर अपने संगीत का प्रदर्शन करते हैं। जिसमें अनेकों वाद्य बजाकर संगीतकार खुद तो खुश होते हैं, मगर इनके श्रोता दु:खी होते हैं।

दूसरे प्रकार की संगीत प्रदर्शनी में श्रोता खुश होते हैं, मगर संगीतकार दुःखी रहते, क्योंकि उन्हें लगता है, 'मैं उस तरह से नहीं बजा पाया, जिस तरह बजाना चाहता था। मैंने लोगों के सामने अपनी कला को पूरे जी-जान से प्रस्तुत नहीं किया, मेरे संगीत में कुछ तो कमतरता रह गई। मन को वह आनंद नहीं मिला, जो मिलना चाहिए था।' कुछ मशहूर संगीतकारों को उनकी मृत्यु के वक्त यह महसूस हो रहा था कि 'अरे अभी तो हम संगीत बजाने की कोशिश कर रहे थे, अभी तो हम अपने वाद्य को ठोक-पीटकर सेट कर रहे थे और इतनी जल्दी जाने का समय आ गया।' इसका अर्थ है कि वे संगीतकार अपनी कला प्रदर्शनी से खुद संतुष्ट नहीं थे। यह दूसरे प्रकार के संगीतकार हैं, जिन्हें कोई समस्या नहीं थी, मगर वह पूरी तरह से संतुष्ट भी नहीं थे। उनके संगीत पर दूसरों को आनंद आया, लेकिन उन्हें खुद कभी संपूर्ण आनंद नहीं आया।

संगीत श्रेणी के तीसरे प्रकार में संगीतकार भी खुश हैं और श्रोता भी खुश हैं, मगर केवल मंच पर। ऐसे संगीतकार मंच से नीचे उतरते ही देवदास की भाँति उदास हो जाते हैं अर्थात् ऐसे संगीतकार, जब अपनी कला को लोगों के सामने प्रस्तुत करते हैं, जब तक उनके सामने श्रोता होते हैं तब तक ही वे खुश होते हैं। कार्यक्रम खत्म होने के बाद वह उदास हो जाते हैं। ऐसे लोग जीवन में नाम, शोहरत और पैसा होते हुए भी कुछ अधूरापन व असंतुष्टि महसूस करते हैं।

चौथे प्रकार के संगीतकार वह हैं, जिनके श्रोता भी खुश हैं और वे स्वयं भी खुश हैं। यह संगीतकार मंच से नीचे उतरकर भी खुश ही रहते हैं, यानी वह जब स्टेज पर नहीं होते हैं, तब भी खुश रह पाते हैं, क्योंकि उन्हें असली (आंतरिक) संगीत की पहचान हो चुकी होती है और वे असुर रूपी शरीर के पैटर्न (नफरत, घृणा, द्वेष, क्रोध, अहंकार इत्यादि) से मुक्त हो चुके होते हैं।

असुर का अर्थ है—राक्षस, जो असल में इनसान के अंदर ही है। इनसान का तोलू मन जो सतत तुलना तोलना करता है, कल्लू मन जो कल-कल में जीवन व्यतीत करते हुए भूत और भविष्य में कलाबाजियाँ लगाता है, दुःख-

सुख का खेल खेलता है, असुर समान ही है। जो संगीतकार इस असुर रूपी मन पर विजय प्राप्त करता है, वही जीवन का संतुलित संगीत सुर में बजा पाता है। जो श्रोता ऐसा संगीत सुनकर घर लौटते हैं, उनके साथ कुछ मजेदार बातें होती हैं। वह खुद भी संगीत बजाना सीखते हैं, उनका जीवन भी आनंदित और संतुलित होने लगता है, इसलिए इस संगीत स्कूल को अनोखा कहा गया है।

वॉच-वेट-विथ वंडर

जब आप संगीत के अलग-अलग कार्यक्रमों में उपस्थित रहकर वापस घर जाते हैं तब आपको सिर्फ सुनकर संगीत बजाना नहीं आता। मगर यहाँ जिस संतुलित जीवन संगीत का जिक्र किया जा रहा है, यह ऐसा संगीत है, जिसे सुनकर आप भी बेहतर संगीतकार बन सकते हैं, क्योंकि इसमें आपने वॉच, वेट विथ वंडर को जोड़ दिया। अर्थात् जीवन की घटनाओं को देखकर, रुककर उन पर आश्चर्य व्यक्त करना। वरना सामान्यत: लोग हारमोनियम बजाते वक्त दो बटनों, यानी दो चाबियों (घटनाओं) के बीच अपनी गति को इतना बढ़ा देते हैं कि रुकने का नाम ही नहीं लेते। उन्हें लगता है, एक चाबी दबाने के तुरंत बाद दूसरी दबानी है, वरना सुननेवाले का मन बोर हो जाएगा। इस तरह चंचल मन हड़बड़ी में दूसरी…तीसरी…चौथी चाभी दबाता ही जाता है, उससे इंतजार किया ही नहीं जाता।

आज तक आप 'वेट एंड वॉच', यह पंक्ति सुनते आए हैं। मगर अब यहाँ वॉच (देखने) को पहले लाया गया, वेट (रुकना) बाद में रखा गया, साथ-ही-साथ एक और शब्द जोड़ा गया 'वंडर' (आश्चर्य)। एक बार आप वॉच, वेट विथ वंडर के साथ जीना सीख गए तो कहेंगे, 'अब हमारे पास केवल यही काम बचा है—तीन शब्द वॉच, वेट, वंडर यानी www.com।' बस अब आपके पास केवल यही काम है, डॉट यही काम है। जब भी आप कंप्यूटर में डब्ल्यू डब्ल्यू डब्ल्यू डॉट कॉम (www.com) ये शब्द टाइप करें तो आपको याद आएगा कि 'मैं अपना काम वॉच, वेट विथ वंडर के साथ कर रहा हूँ या नहीं?' तब वंडर के साथ आश्चर्य आएगा और यह आश्चर्य

दिन-ब-दिन बढ़ता ही जाएगा, क्योंकि सही समय पर, सही सवाल पूछते ही तोलू मन, कल्लू मन का रोल धीरे-धीरे समाप्त होता जाएगा और सहज मन अपना रोल बखूबी निभा पाएगा।

वॉच, वेट विथ वंडर; ये तीन शब्द केवल शब्द नहीं हैं बल्कि इनमें गजब की शक्ति है। यह शब्द आपको बिना वजह भूत और भविष्य की कलाबाजियाँ खाने से रोकने में सहायता कर, वर्तमान में जीने की कला सिखाएँगे। जब आप इन शब्दों का उपयोग अपने दैनंदिन कार्य में करना शुरू करेंगे तब आप इनकी शक्ति का अंदाजा लगा पाएँगे।

❐

भाग 3

वेटिंग पीरियड में आश्चर्य

आगे केवल बेस्ट है

अधैर्य : मैंने किए हैं कई पाप
धीरजवार : भक्ति से मिटेंगे सारे अपने आप

वेटिंग पीरियड में आश्चर्य कैसे होता है? आइए, इस उदाहरण से जानें।

यूनान में सम्राट् हाएरो द्वितीय ने सुनार से सोने का एक नया मुकुट बनवाया। सम्राट् को शक था कि सुनार ने उस मुकुट में चाँदी मिला दी है। उन्होंने महान् वैज्ञानिक आर्कमिडीज से पूछा कि क्या वह यह पता लगा सकते हैं कि वह मुकुट शुद्ध सोने का है या उसमें मिलावट की गई है? आर्कमिडीज ने सम्राट् से कहा कि वह सोचकर कोई-न-कोई उपाय जरूर खोज लेंगे।

उस घटना के बाद आर्कमिडीज निरंतर इसी बारे में सोचते रहे। एक दिन सुबह बाथटब में बैठते समय भी वे मुकुट की समस्या के बारे में ही सोच रहे थे। बाथटब पानी से पूरी तरह भरा हुआ था। जैसे ही आर्कमिडीज ने बाथटब में कदम रखा,

पानी छलकने लगा। यह देखकर आर्कमिडीज के मन में एक विचार आया। आखिर उन्हें मुकुट की समस्या का समाधान सूझ गया था।

अपनी खोज से वह इतने रोमांचित और आश्चर्यचकित हो गए कि उन्होंने आव देखा न ताव, वह बाथटब से उठकर सीधे सम्राट् के महल की ओर दौड़ने लगे। वह सम्राट् को अपनी खोज के बारे में बताने के लिए इतने उत्सुक थे कि उन्हें कपड़े पहनने की भी सुध नहीं रही। सड़कों पर दौड़ते हुए यह महान् वैज्ञानिक 'यूरेका, यूरेका' (मैंने खोज लिया, मैंने खोज लिया) चिल्लाता हुआ जा रहा था।

उन्होंने सम्राट् से कहा कि वह पानी से भरे दो टब रखें, एक टब में अपना सोने का मुकुट डालें और दूसरे में उतने ही वजन का सोना। दोनों टबों से यदि समान मात्रा में पानी छलकता है तो मुकुट शुद्ध सोने का है और अगर अंतर हुआ तो इसका मतलब है कि मुकुट में कोई दूसरी धातु मिलाई गई है।

सम्राट् की समस्या का समाधान हो गया और विज्ञान के एक महत्त्वपूर्ण सिद्धांत का प्रतिपादन भी हो गया।

इस वैज्ञानिक की तरह ही यदि हम पूरी एकाग्रता से मनन करें तो हमारी कठिन-से-कठिन समस्या भी सुलझ सकती है। आर्कमिडीज ने सम्राट् की समस्या को असंभव मानकर छोड़ा नहीं। वह जानते थे कि अगर वह सोचते रहेंगे तो कोई-न-कोई समाधान निकल ही आएगा और यही हुआ भी।

जब आप पूरी एकाग्रता से किसी विषय पर सोचते हैं तो अवचेतन मन सक्रिय हो जाता है। अवचेतन मन की क्षमताएँ अलौकिक होती हैं, इसलिए इसके सक्रिय होने पर समस्या सहज ही सुलझ सकती है। आर्कमिडीज ने बाथटब से छलकते पानी को देखकर समस्या का समाधान सोच लिया और विज्ञान के एक महत्त्वपूर्ण सिद्धांत का पता लगाया। वह अपनी खोज से इतने रोमांचित हो गए कि कपड़े पहने बिना ही सड़कों पर दौड़ने लगे। इतनी

एकाग्रता, धुन और इतने समर्पण की वजह से ही वह इतने बड़े वैज्ञानिक बन पाए और वह भी तब जब न कोई प्रयोगशाला थी, न ही आधुनिक उपकरण। है न आश्चर्य की बात! थोड़ा धीरज रखने पर ऐसा ही आश्चर्य निर्मित होता है।

पिछले अध्याय में आपने 'वॉच, वेट विथ वंडर' के साथ जीवन जीने की कला का पहला पाठ सीखा। आपने समझा कि आपको भी एक कुशल जीवन संगीतकार बनना है। और आपके वाद्य होंगे—मौन व ध्यान। इस संगीत स्कूल में वॉच एंड वेट विथ वंडर का तरीका अपनाया जाता है यानी **रुको, इंतजार करो, लेकिन आश्चर्य के साथ।** अधिकतर लोगों के लिए इंतजार की घड़ियाँ बहुत तकलीफदेह होती हैं। ऐसे समय में एक-एक पल काटना मुश्किल हो जाता है। बेचैनी की अवस्था में वह बात को और बिगाड़ देते हैं। वॉच एंड वेट विथ वंडर की कला के साथ आप इंतजार की घड़ियों में आश्चर्य होते हुए देखेंगे। जिस क्षण आपको इन शब्दों की गहराई समझ में आएगी, वह क्षण आपके लिए आहा! का क्षण होगा। आहा (ए.एच.ए), यानी अपने होने के एहसास का होगा। आपको ऐसा संगीतकार बनाया जा रहा है, जहाँ आप स्व का दर्शन कर पाएँगे, स्व में स्थापित हो पाएँगे।

यदि आप गौर करें तो आपको पता चलेगा कि प्रचलित कहावत 'वेट एंड वॉच' की जगह यहाँ 'वॉच एंड वेट' कहा गया है। 'वेट' के पहले 'वॉच' करने के लिए कहा जा रहा है। रुकने को महत्त्व दिया गया है। साथ ही इसमें 'वंडर' भी जोड़ा गया है। आमतौर पर बाहरी जगत् के संगीत स्कूल में जो संगीत सिखाया जाता है, उसमें एक तार के बाद तुरंत दूसरी तार छेड़ने पर जोर दिया जाता है, मगर संतुलित जीवन संगीत स्कूल में आपको ठीक इसके विपरीत सिखाया जाता है कि एक तार छेड़कर तुरंत दूसरी तार न छेड़ें। वरना इनसान का मन इतना चंचल है कि एक के बाद फौरन दूसरी, तीसरी, चाबी दबाता ही जाता है। यदि ऐसा न हो पाया तो वह व्याकुल हो उठता है और कहता है, 'मुझे यह संगीत पसंद ही नहीं आया।' अर्थात् इनसान का मन किसी भी घटना में तुरंत प्रतिक्रिया करना चाहता है। रुकना और देखना उसे आता ही नहीं। इसलिए घटना में छिपे आश्चर्य का तोहफा उसे कभी नहीं मिलता।

उल्टा मन में शिकायत ही उठती है कि 'फलाँ घटना दु:खद थी, नकारात्मक थी, अच्छी नहीं थी।' जबकि 'वेट, वॉच विथ वंडर' के साथ देखेंगे तो जानेंगे कि इससे बेहतर कुछ हो ही नहीं सकता। यही बेस्ट है, बेस्टेस्ट है।

मन की चंचलता और संगीत की गति

जरा सोचें कि समय के साथ संगीत की गति बढ़ती क्यों जा रही है? क्योंकि इनसान का मन पहले से ज्यादा चंचल होता जा रहा है। वह खुद अपनी चंचलता से परेशान है। यहाँ तक कि वह सोचने से भी कतराता है। उसे लगता है कि ऐसी कोई गतिमान चीज हो, जिसमें वह अपनी चंचलता भुला सके। इसलिए उसे तेज संगीत पसंद आता है। इसमें वह अपने विचारों को विलीन कर पाता है। यही वजह है कि आजकल के संगीत और फिल्मों में तेज रफ्तार आ गई है। हर चीज आँखों के सामने से इतनी रफ्तार से निकल जाती है कि देखनेवाले को बीच में कहीं रुकने का समय ही नहीं मिलता। इससे इनसान के मन को सुकून महसूस होता है, क्योंकि वह कुछ समय के लिए किसी दूसरी दुनिया में खो जाता है। इस दौरान मन की अनुपस्थिति में शरीर में आनंद पैदा होता है। वैसे तो आनंद के वक्त मन उपस्थित नहीं होता, लेकिन जब वह इस बात को चेक करना चाहता है कि 'क्या वाकई आनंद के समय मैं अनुपस्थित था?' तो इसके लिए उसे उपस्थित होना पड़ता है। मन की उपस्थिति में आनंद फिर खो जाता है। यही कारण है कि मन आज तक इस रहस्य को नहीं जान पाया कि शरीर में खुशी कैसे लाई जाए। वह तो सिर्फ उस आनंद (मनोरंजन) के बारे में जानता है, जो उसके खोने के बाद टेम्परारी (थोड़े समय के लिए) पैदा होता है।

मन के लिए यह दुविधा हमेशा बनी रहती है कि असली आनंद कैसे आता है? इससे निपटने की युक्ति यह निकाली गई कि मन को और तेज गति से खाना उपलब्ध करवाया जाए। उसे कुछ सोचने की फुरसत ही न मिले। लेकिन समय के साथ ज्यादा खाना भी उसके लिए पूरा नहीं पड़ता। संगीत में भी यही होता है। जो जितना तेजसंगीत बनाता है, उसे उतना ही पसंद किया

जाता है। संगीतकार नए-नए एलबम लेकर आते हैं और जो एलबम श्रोताओं की जरूरत पूरी करते हैं, वे प्रसिद्ध हो जाते हैं। लोगों को लगता है कि ऐसे एलबम बनानेवाले संगीतकार बहुत बड़े हैं, लेकिन वास्तव में वे बड़े नहीं, बुरे संगीतकार हैं। जरा सोचिए कि आप उन्हें क्या कहेंगे, जो बस एक ही बटन दबाकर बैठे हुए हैं ? उन्हें बुरे से बुरा संगीतकार कहा जाएगा। मगर जीवन संगीत ऐसा ही होना चाहिए। एक तार छेड़ने के बाद अंतराल हो, इंतजार हो, कुदरत को काम करने का मौका हो। जब इस तरह जीवन-संगीत बजेगा तब होगा तालमेल के साथ खेल।

मन खो जाना चाहता है

हो सकता है कि आपको यह बातें अतार्किक लगें, लेकिन जब आप मन के पारवाले क्षेत्र में जाएँगे तो इसी तरह की बातें सामने आएँगी। मन के क्षेत्र में तो रफ्तार ही महत्त्वपूर्ण है। हर कोई अपनी तरफ से कुछ-न-कुछ जोड़कर देता है, क्योंकि मन के क्षेत्र में लोग बस जोड़ना जानते हैं। जब भी कुछ जोड़ा जाएगा तो उससे यही नतीजा आएगा कि और ज्यादा जोड़ो।

सौंदर्य प्रसाधन, घरेलू उपकरण, कपड़ों से लेकर खाद्य पदार्थों तक यही बात लागू होती है कि 'इसमें ये जोड़ो···उसमें वह जोड़ो।' यदि मन को किसी भी वस्तु की खुशबू, रंग-रूप, सुंदरता, सुविधा या स्वाद में कोई ऐसा क्षण मिलता है, जिसमें वह खो जाए तो वह चीज प्रसिद्ध हो जाती है। जरा गौर कीजिए, ऐसे में मन के साथ क्या होता होगा ? ऐसे में तो उसकी गुलामी बढ़ती जाती है। इससे मन संतुलित जीवन का संगीतकार नहीं बनता। इससे तो वह बस और ज्यादा मोटा (अहंकारी) और सुस्त हो जाता है। असली आनंद पाना उसके लिए और ज्यादा कठिन बन जाता है।

मन को यह पता ही नहीं चलता कि समय के साथ वह अपनी कठिनाइयों को बढ़ाता चला जा रहा है। इसीलिए आपको कहा जा रहा है कि 'अब फिर से संगीत सीखें और एक चाबी दबाकर रुके रहें', यानी एक घटना होने के बाद कुछ क्षण वहाँ रुकें। फिर जरूरत अनुसार, दस मिनट के बाद

दूसरी चाभी दबाएँ, पंद्रह मिनट के बाद तीसरी और आधे घंटे के बाद चौथी चाभी दबाएँ। हालाँकि इसमें आपको लगेगा कि मन को आनंद नहीं आ रहा है, लेकिन आज जिस संगीत की बात चल रही है, उसमें तो यह दस मिनट का समय भी बहुत कम है। आपको वास्तव में जो संगीत सीखना है, उसमें यदि आप आज एक चाबी दबाएँगे तो दूसरी को दबाने की बारी शायद कल आएगी। ऐसी भी संभावना है कि दिन के बजाय हफ्ते भर का समय लगे। जबकि आपको तो दस-पंद्रह मिनट भी ज्यादा लगते हैं। चूँकि यहाँ संतुलित जीवन संगीत की बात की जा रही है, इसलिए जरूरी नहीं कि जो संगीत जानता है, वाद्य बजाना जानता है, वही संगीतकार है बल्कि जो जीवन को लय, ताल और सुर में जीता है, वह संतुलित संगीत सीख पाता है, वही सफल संगीतकार कहलाता है। उसी की बात यहाँ की जा रही है।

❐

भाग 4

महान् संगीतकार कैसा होगा

तीन वाद्य का शहंशाह

अधैर्य : मुझे अधिक खाना खाने का है शौक
धीरजवार : कर जुबान से धीरज का योग

क्या आपने कभी सोचा है कि संतुलित जीवन का सबसे बड़ा संगीतकार कैसा संगीत बजाएगा ? ऐसे संगीत से लोग बोर होंगे या विभोर होकर वह भी संगीतकार बनना चाहेंगे ? यकीनन ऐसे संगीत से लोग संगीतकार बनने की ओर प्रेरित होंगे। यह वह संगीत है, जो लगातार हरेक के अंदर बज रहा है, सिर्फ उसकी धुन सुननेवाले कान अभी उस संगीत से अनभिज्ञ है। इसलिए उसे आंतरिक संगीत की मधुर धुन सुनाई नहीं देती। जिस क्षण इनसान को वह (अहा) संगीत सुनाई देगा, उस क्षण वह भी संगीतकार बन जाएगा।

बाहरी जगत् के संगीत स्कूल में कई लोग प्रवेश पाना चाहते हैं, वह एक अच्छा संगीतकार बनना चाहते हैं। ऐसे में जब वह किसी कुशल संगीतकार का मधुर संगीत सुनते हैं तो उनमें यह धारणा पैदा हो जाती है कि वह खुद उतना अच्छा संगीत नहीं बजा सकते। उन्हें लगता है कि यह तो बहुत कठिन साधना

है। लेकिन यहाँ जिस संगीत की बात हो रही है, वह बाहरी वाद्य बजाने से भी ज्यादा आसान और सहज है। जिसमें आपको कुछ भी न करने का कार्य बचता है। केवल आपकी सही ढंग से उपस्थिति ही आपको स्वअनुभव के संगीत की पहचान करवाती है। यह ऐसा संगीत है, जिसे किसी और के द्वारा बजाने की आवश्यकता ही नहीं रहती। इस संगीत को आप स्वयं ही बजाकर, वह भी वॉच, वेट विथ वंडर के साथ उसका आनंद ले सकते हैं। जो लोग यह संगीत सीख रहे हैं, उसे यदि वह आपके सामने एक बार बजाए, फिर आधे घंटे बाद दूसरी बार बजाए तो आपको लगेगा कि 'अरे यह तो बहुत आसान है, इसके केवल अभ्यास से भी इतना आनंद आता है तो जब यह पूर्ण रूप से सीख लेंगे तो कैसा जीवन होगा, कितना आश्चर्य होगा!' इस तरह जब आप अनुभव के संगीत से ट्यून हो जाएँगे तो आपको लगेगा कि 'मैं भी महान् संगीतकार बन सकता हूँ, मैं भी संगीत रचने का आनंद ले सकता हूँ।'

जैसा कि आप यह पहले भी पढ़ चुके हैं कि बाहरी जगत् के संगीत स्कूल में एक के बाद एक तुरंत आगे की चाबियाँ दबाने को कुशल संगीत या बेस्ट संगीत घोषित किया जाता है। मगर अनुभव के संगीत स्कूल में एक चाबी दबाने के बाद गति धीमी की जाती है।

जैसे पिताजी चाहते हैं कि उनका बेटा इंजीनियर बने। अब यह तो आम बात है। विश्व के अनेक पिता अपने बेटे के लिए ऐसी ही शुभ इच्छा रखते हैं कि उनका बेटा या बेटी डॉक्टर बने, इंजीनियर बने, वकील बने या किसी बड़े ओहदे पर कार्य करे। यह सोचना गलत नहीं है, मगर इस शुभ इच्छा को बल भी मिलना चाहिए। इसके लिए क्या किया जा सकता है ? क्या पिता के सोचने भर से उसका बेटा या बेटी एक ही दिन में उनके चुने या कहे मार्ग पर कार्य करना शुरू कर देंगे ? यकीनन नहीं। तो अब इस पर धीरे-धीरे कार्य करने की आवश्यकता है। जिसके लिए पहली चाबी दबाई जाएगी कि बच्चों से बातचीत की जाए। फिर बीच में कुछ समय रुककर उनके शिक्षक से बातचीत की जाए। कुछ अंतराल के बाद बच्चों के मित्रों से वार्त्तालाप किया जाए। इस तरह एक के बाद एक मगर धीरे-धीरे व सहजता से सभी

से संपर्क किया जाए तो देखेंगे कि आपका बेटा या बेटी जैसा आप चाहते थे, वैसे बन गए। इसके लिए आपने क्या किया? केवल वॉच एंड वेट विथ वंडर के साथ कार्य किया।

इसे अब संगीत की भाषा में समझें तो यूँ कहा जाएगा कि आपने हर चाबी दबाने अर्थात् हर एक से बात करने के लिए पर्याप्त समय लिया। उपरोक्त घटना में यदि कोई सोचे कि 'अपने बेटे को इंजीनियर बनाने में मैंने इतनी कोशिश की (अनेक चाबियाँ दबाई) फिर भी वह समझ क्यों नहीं रहा है?' तो इसका अर्थ है कि आप अब तक संतुलित जीवन के संगीतकार नहीं बन पाए हैं। अभी आप उस कला को सीख नहीं पाए हैं। आपको वह संगीत दोबारा सुनना होगा। जिसके लिए पहले आप एक चाबी दबाएँगे, फिर जो बीच का समय होगा, उसमें वॉच, वेट के साथ खुद से कहेंगे कि 'अब वंडर देखो।' आप किसी भी तरह के इनसान हों, आपकी मन:स्थिति कैसी भी हो, बस, आपको खुद से कहना है कि 'अब मैं संतुलित जीवन का संगीतकार बनूँगा।' इसी से आपका विकास होगा।

यही समझ रखते हुए जानें कि आज आपको अपने आस-पास जो भी समस्याएँ दिख रही हैं, वे संतुलित जीवन संगीत बजाने का मौका है। केवल आपको यह पता हो कि किस समस्या पर कौन सी चाबी दबानी है? अर्थात् किस घटना में कैसा प्रतिसाद देना चाहिए। इसके बाद आधे घंटे का समय लेकर अगली चाबी दबाएँ। उदाहरण के लिए, आपको किसी इनसान से मिलना हो और वह शनिवार एवं रविवार को उपलब्ध न हो तो आप उससे सोमवार को मिलेंगे, यानी फोन पर बात करने के बाद आप अगली चाबी सोमवार को दबाएँगे। इसके बाद आप सोचेंगे कि 'मुझे तीसरी चाबी कब दबानी है?'

जब आपको यह पता होगा कि किस चाबी के बाद कौन सी चाबी दबानी है, तभी मधुर संगीत निकलेगा। यदि आप बिना तारतम्य के किसी भी तरह अनियमित ढंग से निरुद्देश्य होकर चाबियाँ दबाएँगे तो जीवन का संगीत बिगड़ जाएगा। अर्थात् जिस इनसान से पहले बात करनी है, यदि उससे

बाद में बात करेंगे और जिसके साथ बाद में बात करनी है, उससे पहले बात करेंगे तो बात बनते-बनते बिगड़ जाएगी। चूँकि साधारणत: लोगों को सही समय पर सही प्रतिसाद, योग्य जानकारी, प्रशंसा और सजा देने का प्रशिक्षण न होने के कारण वे गलत चाबी दबाते रहते हैं और जीवन में बिना वजह उलझते रहते हैं। जिसका उन्हें कोई बोध भी नहीं होता। वह सोचते हैं कि किसी से बात करने के लिए इतना इंतजार क्यों करें, जो इनसान सामने मौजूद है, उसी से बात करते हैं। यह बिल्कुल ऐसे हुआ जैसे किसी को भोजन उपरांत सौंफ खानी है, लेकिन चूँकि उस समय सौंफ उपलब्ध नहीं है, मगर पानी-पूरी उपलब्ध है, इसलिए सामनेवाला पानी-पूरी खा लेता है अर्थात् वह गलत चाबी दबा रहा है।

संगीत सीखते समय इनसान कहता है, 'मेरे सामने पियानो है तो मुझे कोई तो चाबी दबाने (कर्म करने) की इजाजत दो।' इनसान चाबी दबाने (तुरंत प्रतिक्रिया करने) के लिए बहुत उत्सुक होता है। परंतु संगीत सिखानेवाला उसे कहता है, 'रुको, अभी इस चाबी को दबाने का समय नहीं आया है, इसलिए इसे हाथ मत लगाओ।' जब इनसान सीखने की प्रक्रिया में होता है तो वह किसी भी चाबी को दबाता है, परंतु ऐसा करने से मधुर संगीत का निर्माण नहीं होता, क्योंकि संगीत कुदरत के साथ लय और ताल में चलना चाहिए। सीखनेवाले को यह समझ दी जानी चाहिए कि सामने दिखनेवाली हर चीज महत्त्वपूर्ण नहीं होती। सही समय पर, सही चाबी दबाने से ही मधुर संगीत का निर्माण होता है। शुरुआत में सीखनेवाले को ये चीजें कठिन लगती हैं, क्योंकि मन अपनी आदत के अनुसार जल्द-से-जल्द सारी चाबियाँ दबाना चाहता है। उसे ज्यादा-से-ज्यादा गतिमान होना ही सिखाया गया है।

उदाहरण के तौर पर, यदि किसी की टाइपिंग करने की गति तीस शब्द प्रति मिनट हो तो उसकी काबिलीयत बढ़ाने के लिए उसे इस गति को चालीस शब्द प्रति मिनट करने के लिए कहा जाता है। बाह्य जगत् में गति ही सफलता का पैमाना है। किंतु आंतरिक सफलता के लिए यह बात लागू नहीं होती।

संतुलित जीवन संगीत में गति नहीं बल्कि ठहराव व धीरज की जरूरत होती है। देखो, रुको, आश्चर्य करो।

एक बार देखना और रुकने की कला आ गई तो आश्चर्य उभरकर सामने आएँगे और इनसान हमेशा संतुष्टि के एहसास में जीएगा। वरना यदि इनसान जीवनभर समस्याओं में जीए और उनमें से कुछ समस्याओं का समाधान ढूँढ़ भी ले तो बाकी अनसुलझी समस्याओं के चलते वह दुःखी ही रहेगा। उसे यदि वॉच, वेट विथ वंडर (www) की कला अवगत नहीं है तो समस्याओं को सुलझाने में ही उसकी सारी जिंदगी बीत सकती है और शरीर की मृत्यु के समय में भी वह यही कहेगा कि 'यदि थोड़ा और समय मिलता तो अच्छा होता। काम अधूरा छोड़कर जा रहा हूँ। मेरे बाद फलाँ को मेरा अधूरा काम पूरा करना होगा।' जबकि वॉच, वेट विथ वंडर की कला इस कदर परम संतुष्टि का एहसास दिला सकती है कि इनसान मरते वक्त भी नए आश्चर्यों का साक्षी बन सकता है।

जिसे संगीत बजाना आ गया, उसे हमेशा सजग रहना चाहिए कि वह जो संगीत बजा रहा है, वह सुरीला है या बेसुरा (असुर)। यदि गलत चाबी दबाई तो संगीत बेसुरा ही निकलेगा। ऐसे में वॉच, वेट विथ वंडर की कला ही काम आएग। चाबी दबाने से पहले खुद को याद दिलाएँ कि 'अब मैं चाबी दबाने जा रहा हूँ, इसके बाद वॉच, वेट विथ वंडर का उपयोग करूँगा।' तब एक मधुर संगीत उठेगा। आपने महसूस किया होगा कि जब भी आप खुद से 'हू एम आय' यानी 'मैं कौन हूँ' का सवाल पूछकर चाबी दबाते हैं तो मधुर संगीत उठता है। यानी मधुर संगीत उठने के लिए आपको मात्र उपस्थित रहना होता है। चूँकि मन रुकना नहीं जानता, इसलिए वह तो सोचेगा कि जल्द से जल्द दूसरी चाबी दबाऊँ, शायद कोई और अच्छा सुर निकल जाए। लेकिन अब आपको वॉच, वेट, वंडर ये तीन वाद्य दिए हैं, जिनकी सहायता से आपको संतुलित जीवन संगीत का आनंद लेना है।

❏

भाग 5

रुकने की कला

पहली चाबी

अधैर्य : मैं दुःखी हूँ
धीरजवार : मैं अनेकों से सुखी हूँ

ध्यान एक ऐसी साधना है, जिसकी बदौलत इनसान के जीवन में कई सुप्त आयाम खुलते हैं। ध्यान करने के बाद ही इनसान को अपने होने के एहसास पर दृढता होती है। ध्यान साधना आपको आह से आहा तक ले जाती है। आह। जो दर्द, दुःख, परेशानी, पीड़ा में निकलती है और आहा। आश्चर्य, आनंद, संतुष्टि में निकलता है। इसे ही अपने होने का एहसास कहा गया है, जो आप हकीकत में हैं।

ध्यान में आप अपने अंदर कई गुण विकसित कर पाते हैं। जैसे अपने शरीर, मन और बुद्धि को एक ही जगह पर कुछ क्षण, बिना हलचल किए शांत बिठाने का अभ्यास दे पाते हैं। ध्यान में आपको 'वेट' (इंतजार) करने की कला सिखाई जाती है। इससे आपके भीतर धीरज का गुण विकसित होता है। वरना इनसान का मन हमेशा भाग-दौड़ करता रहता है, एक जगह पर शांत बैठ ही नहीं पाता। ध्यान में उसे शांत करवाया जाता है। उसकी भाग-दौड़ बंद करवाई जाती है।

ध्यान साधना में अकसर आपने यह कहते हुए सुना होगा कि 'शरीर की हलन-चलन बंद करो'...'विचार बंद करो'' यह बंद करो'' वह बंद करो।' इस पंक्ति में 'करो' शब्द का इस्तेमाल हुआ है।

अब यदि भाषा के लिहाज से सोचा जाए तो 'बंद करो' यह शब्द पूरी तरह सही नहीं है। इस शब्द पर यदि गौर किया जाए तो यह एक क्रिया महसूस होगी। इसका अर्थ ध्यान करने के लिए कुछ-न-कुछ तो करना ही है। जबकि असल ध्यान में कुछ नहीं करना है और कुछ न करने का काम भी नहीं करना है। इसे आप भाषा के लिहाज से समझेंगे तो बात का पूरा अर्थ अभी भी समझ में नहीं आएगा। अत: ध्यान में 'यह बंद करो, वह बंद करो', कहने के बदले यह कहना सही होगा कि 'ध्यान संगीत का अभ्यास करो।' इसमें भी 'करो' शब्द से मन को उलझन हो सकती है कि ध्यान में कुछ करना है। इसलिए सिर्फ 'ध्यान संगीत' कहना अधिक उचित होगा।

ध्यान संगीत वह संगीत है, जिसमें आपको 'रुकने' (वेट करने) का अभ्यास करना है। यदि इनसान को ध्यान संगीत का अभ्यास न दिया जाए तो संभावना है कि वह एक चाबी दबाने के बाद तुरंत दूसरी चाबी दबाएगा। मगर ध्यान की दौलत पाने के बाद इनसान रुकने की कला सीखता है। आमतौर पर लोग इसे ज्यादा महत्त्व नहीं देते हैं। मगर एक बार आप यह कला सीख गए तो आपको महसूस होगा कि यह तो जीवन का एक मुख्य पहलू है। जब तक अभ्यास द्वारा आप इसका अनुभव नहीं कर लेते तब तक आपको इसकी दृढता प्राप्त नहीं होगी। आप यह कभी नहीं जान पाएँगे कि केवल रुकने मात्र से आप किन-किन भयानक बातों से बच गए और आपके जीवन में किन आश्चर्यों का आगमन हुआ। जी हाँ, यही सत्य है। चूँकि इसका अभ्यास इनसान ने किया नहीं होता, इसलिए उसे लगता नहीं कि यह जीवन का एक महत्त्वपूर्ण आयाम है।

हरेक यदि अपने जीवन की घटनाओं पर मनन करे तो यही तथ्य सामने आएगा कि आपकी तुरंत प्रतिक्रिया ने काम को कैसे बनते-बनते बिगाड़ दिया और जिन घटनाओं पर आपने रुककर प्रतिसाद दिया, वह पल कितना

सुकूनभरा था। रुकने के साथ ही आप सजग हो जाते हैं, मनन कर पाते हैं और विवेक को मौका देते हैं कि वह निर्णय ले। यह तब हो पाता है, जब आपने सही समय पर ध्यान संगीत का अभ्यास किया हो। जिसके ऊपरी लाभ तो आपको मिलेंगे। मगर आपकी संभावना उससे आगे की है। ध्यान संगीत द्वारा आपको अनुभव संगीत सुनना है। जिसे सुनने के बाद ही आपके द्वारा आहा''' निकलेगा और आप कह पाएँगे कि 'हाँ, कोई तो तरंग उठी है, कुछ तो अनुभव हो रहा है, अब मुझे अपने होने का एहसास समझ में आ रहा है।' हालाँकि शुरुआत में कुछ देर तक आपको अनुभव संगीत समझ में नहीं आएगा, पर कुछ क्षण रुककर सुनने से आपको वह पकड़ में आने लगेगा।

जब कोई इनसान बाहरी जगत् में संगीत का अभ्यास करता है तो शुरुआत में उसे वह शोर ही लगता है। फिर भी संगीत सीखने की तीव्र चाहत से वह अपने अभ्यास को जारी रखता है और कुछ समय के बाद कहता है कि 'हाँ, अब मुझे समझ में आ गया है कि कौन सी चाबी कब दबानी है और कितनी तेजी से दबानी है।' लेकिन अनुभव के संगीत विद्यालय में आपको ठीक विपरीत सिखाया जाता है कि एक चाबी दबाकर आपको रुकना है। अनुभव के विद्यालय में मन को एक नया प्रशिक्षण मिलता है, जो संसार के प्रशिक्षण से बिल्कुल अलग होता है। संसार के प्रशिक्षण में जो भी सीखा गया है, उसका तो सदियों से इस्तेमाल हो रहा है। लोग उसे अच्छी तरह देख-समझ चुके हैं। उस प्रशिक्षण में तो केवल तेज गति से चाबी को दबाना होता है। संसार के इस प्रशिक्षण से अब तक आपको जो मिलना था, वह पहले ही मिल चुका है। लेकिन इसके बावजूद भी लोग संतुष्ट नहीं हो पाए हैं। इस असंतुष्टि का समाधान यही है कि अब इसके ठीक विपरीत प्रयोग करके देखा जाए।

जो लोग विपरीत प्रयोग करने के लिए राजी होते हैं, वे बाद में कहते हैं कि 'हाँ, अब हमें अनुभव संगीत बजाना आने लगा है।' जो लोग यह संगीत सुनते हैं, वह भी कहते हैं कि 'हमें भी अब यह संगीत बजाना आने लगा है।' अर्थात् संगीत बजानेवाले और सुननेवाले दोनों का मंगल हो रहा होता

है। इसे ही सफल जीवन (प्रयोग) कहा गया है, जिसमें सबका मंगल हो, तेजमंगल हो। वरना बाहरी दुनिया में सफल जीवन की परिभाषा बिल्कुल अलग है। वहाँ पर विदेश जाने का मौका मिलना, बिजनेस में तरक्की होना... अच्छी जगह तबादला होने को सफलता माना जाता है, जबकि ध्यान संगीत में आपका आंतरिक दुनिया से परिचय होता है, जिसके लिए निरंतर अभ्यास की आवश्यकता है।

बिना ध्यान-अभ्यास के शुरुआत में मन के लिए इंतजार का समय, यानी वेटिंग पीरियड बहुत दुःखदायी होता है। वह इस दुविधा में उलझा रहता है कि 'अगला दृश्य मेरे सामने जल्दी क्यों नहीं आ रहा है।' इस अभ्यास में आपके साथ जब भी ऐसा हो तब आप मन से कहें कि 'पहली चाबी दबाने के बाद, इंतजार के समय में मुझे बड़े प्रेम और धीरज से देखना है कि उससे कौन सी तरंग उठी है, कौन सा अनुभव उठा है? इसके बाद ही अगली चाबी दबानी है।' इस तरह आप इंतजार के समय का भी भरपूर आनंद उठा पाएँगे और आश्चर्य की दुनिया में पहुँच जाएँगे।

यह बात तर्क में नहीं बैठती कि केवल रुकने भर से आनंद प्राप्त हो सकता है। लेकिन यदि आप में इस बात की समझ होगी कि आप अनुभव संगीत बजा रहे हैं तो आपको आनंद जरूर आएगा।

इस प्रक्रिया में आपको यह समझना होगा कि आप सुबह से लेकर रात तक जो भी कार्य कर रहे हैं, हकीकत में वह आंतरिक अनुभव के संगीत का अभ्यास ही है। इस दृढता के साथ अब आप अपने बारे में इस ढंग से सोचें कि संगीत के विशेषज्ञ बनने (स्वयं को जानने) के बाद, आप सुबह उठकर सबसे पहले कौन सी चाबी दबाएँगे, यानी कौन सा काम करेंगे?

उदाहरण के लिए, यदि आपको कोई समस्या दिखी तो आप सबसे पहले कौन सी चाबी दबाकर उसका हल निकालेंगे? यदि आपने निरंतर ध्यान साधना का अभ्यास किया होगा तो संभावना है कि आप स्वयं को जानकर (महसूस कर) समस्या का हल ढूँढ़ेंगे, अपनी गति धीमी रखते हुए कार्य करेंगे, इसी को पहली चाबी दबाना कहा गया है। उसके बाद आप वॉच एंड वेट विथ

वंडर के साथ अगली चाबी दूसरे दिन दबाएँगे। ऐसे में समस्या को हल करने का समय आपको बिल्कुल दु:खद नहीं लगेगा।

इसी आशय को एक और उदाहरण द्वारा समझते हैं। मान लीजिए, आपको अपने एक मित्र से जरूरी बात करनी है, इसलिए आपने उसे तुरंत फोन लगाया, लेकिन मित्र किसी कारणवश आपका फोन नहीं उठा पा रहा तो आप झल्ला उठते हैं, परेशान होते हैं। यानी आपने पूरा संगीत खराब कर लिया। आपको पता ही नहीं चलता कि आपकी झल्लाहट से आपका संगीत कैसे खराब हो रहा है। फिर जब आप होश में आते हैं तो थोड़ा विराम लेते हैं, यानी आपने मधुर संगीत बजाया, जिस कारण आपके चेहरे पर मुसकराहट आती है। ऐसे में आप अगली चाबी दस या पंद्रह मिनट बाद दबाएँ। इन दस या पंद्रह मिनटों में ही वॉच, वेट विथ वंडर हो सकता है। संभावना है कि इसी बीच सामनेवाले का फोन खुद ही आ जाए, जिससे बात करने के लिए आप इतनी देर से परेशान हो रहे थे। इसी को तो देखना, रुकना और आश्चर्य करना कहा गया है। सोचकर देखें कभी-न-कभी आपके साथ ऐसा जरूर हुआ होगा। लेकिन इनसान कभी ऐसी बातों पर गौर नहीं कर पाता।

दो चाबियाँ दबाने के बीच समय-निर्धारण की कला

हर घटना के बीच में आपको जो समय दिया जा रहा है, उस समय को निर्धारित करना एक कला है। जब आपको यह कला आ जाए कि अगली चाबी कब दबानी है, यानी अगला प्रतिसाद कब देना है तब समझ जाना कि आप कुशल संगीतकार बनने की दिशा में आगे बढ़ रहे हैं। जो विशेषज्ञ होता है, उसे यह बात पता होती है कि दो चाबियों के बीच में कितना अंतर रखना चाहिए।

जैसे एक कुशल चित्रकार को यह भली-भाँति पता होता है कि चित्र में दो रंगों के बीच में कौन सा गहरा रंग डालना चाहिए, ताकि उन दो रंगों के बीच में जो माया पैदा करनी है, वह की जा सके। निपुण चित्रकार जानता है कि चित्र में थ्री डी इफेक्ट (तीसरा आयाम) कैसे डालना होता है। किसी भी

चित्र के तीनों आयाम एक साथ दिखाई देने पर ही वह वास्तविक प्रतीत होता है। चित्रकारी की तरह ही संगीत में भी एक चाबी को दबाकर, दूसरी चाबी दबाने से पहले एक निश्चित समय के लिए रुकना होता है। इससे संगीत में एक नया आयाम जुड़ता है। कहने का अर्थ यह है कि संतुलित जीवन संगीत साधना द्वारा आप अपने जीवन की समस्याओं को सहजता से सुलझा पाएँगे।

❑

भाग 6

सबसे बड़ा संगीतकार

निरंतर अभ्यास

अधैर्य : मेरी डूब गई नैया है
धीरजवार : ईश्वर पर विश्वास है, वही मेरा खेवैया है

वैसे देखा जाए तो इस पुस्तक को पढ़कर आप पहली चाबी दबा चुके हैं और अब बारी है, दूसरी चाबी दबाने की। उसमें उतना ही समय लगेगा, जितना आपको बताया गया है। यह एक घंटा भी हो सकता है और चार घंटे भी, क्योंकि हर किसी का संगीत अलग-अलग है। यह कतई जरूरी नहीं है कि हर कोई एक जैसा संगीत बजाए, इसलिए दूसरों की नकल कभी न करें। यह न सोचें कि किसी ने फलाँ समय पर चाबी दबाई है तो आपको भी ठीक उसी समय पर चाबी दबानी है। आप अपने संगीत अनुसार चाबी दबाएँगे तो आपका अपना वेटिंग पीरियड अच्छा होगा। यदि आपको दोपहर 2 बजे मालूम पड़े कि आपको अगली चाबी शाम को 6 बजे दबानी है तो आप 2 से 6 के बीच में वेट कैसे करेंगे? इसका जवाब है 'वेट विथ वंडर'।

जरा सोचें, विश्व के सभी लोग ऐसे संगीतकार बन जाएँगे तो सबकुछ कितना वंडरफुल (अद्‌भुत) होगा। इससे पृथ्वी पर उच्चतम तरंग उठेगी।

मगर ज्ञान के अभाव में आज तो अधिकतर लोग सारी चाबियाँ गलत ही दबा रहे हैं, इसलिए सारा मामला गड़बड़ाया हुआ है और सीधी बात भी उल्टी हो गई है। यह सब इसीलिए हो रहा है, क्योंकि लोगों को पता ही नहीं है कि कौन-सी चाबी कब दबानी है। इस कारण से समस्या सुलझते-सुलझते भी उलझकर रह जाती है। ऐसा न हो, इसके लिए आपको निरंतर अनुभव संगीत का अभ्यास करना होगा, जिसका कोई अन्य विकल्प नहीं है।

कुशल संगीतकार यह नहीं सोचेगा कि 'कोई समस्या आए ही नहीं' बल्कि वह तो सोचेगा, 'यदि समस्या आई है तो किस चाबी को कितने समय के अंतराल पर दबाकर इसका हल निकाला जा सकता है ?' यदि संगीतकार कुशल नहीं होगा या कठोर बॉस होगा तो किसी भी समस्या के आने पर वह सभी कर्मचारियों को अपने पास बुलाकर उन्हें डाँटना शुरू कर देगा। ऐसे में जो वहाँ उपस्थित होगा, उसे डाँट खानी पड़ेगी और जो अनुपस्थित होगा, वह बच जाएगा। जबकि असल में पहली चाबी उसी के साथ दबानी चाहिए थी, जो अनुपस्थित था। जो बॉस इस बात को नहीं समझ पाता, वह सफल बॉस नहीं होता। उसके साथ काम करनेवाले भी उससे परेशान रहते हैं। ऐसा इनसान जीवनभर दु:खी होकर जीता है।

संपूर्ण संगीत बजाएँ

आपको इतने सारे उदाहरण इसलिए दिए जा रहे हैं, ताकि आपको यह समझ में आ सके कि सिर्फ धीरज न होने के कारण आप अपने जीवन में कहाँ-कहाँ पर गलत चाबी दबा देते हैं। बहुत लोगों के साथ ऐसा होता है कि वह किसी बात पर नाराज हो जाएँ तो घर में जो सामने दिखता है, उस पर बरस पड़ते हैं, चीजें उठाकर फेंकते हैं, लेकिन आप ऐसा न करें। इसके लिए आवश्यकता है सही समय पर सही चाबी दबाने की कला सीखना। हालाँकि मन चाहेगा, 'गलत चाबी दबाऊँ, लोगों को उनकी बदतमीजी की सजा दूँ, परंतु आपको ऐसा नहीं करना है। इनसान के मन में यदि किसी के प्रति नफरत, द्वेष या क्रोध भरा हो तो मौका पाते ही वह उसे बाहर निकालना चाहता है।

लेकिन आपको ऐसा कतई नहीं करना है। आपको केवल सही समय का इंतजार करना है, वही आपका वेटिंग पीरियड होगा। इस समय पर आपको हर चीज को ध्यान संगीत द्वारा साक्षी भाव के साथ देखना है कि 'इस क्षण मेरे शरीर में क्या हो रहा है, कहाँ कंपन हो रहा है, कहाँ धड़कन बढ़ रही है, कहाँ पसीना आ रहा है' वगैरह-वगैरह। इस पुस्तक की समझ पाकर आपने अपने अंदर ठान लिया कि 'मुझे रुकना है, देखना है और आश्चर्य करना है।'

इस तरह समय के साथ आप देखेंगे कि आपने वॉच एंड वेट करना और उसे वंडर के साथ देखना सीख लिया है। आपने सही समय पर सही चाबी दबाने की कला भी सीख ली है। आप देखेंगे कि सारी समस्याएँ पूरी सहजता से सुलझ गई हैं। कई नई चीजों का निर्माण हो गया है और आप महानिर्वाण-महानिर्माण के लिए तैयार हो गए हैं।

आपको यदि सबसे बड़ा संगीतकार बनना है तो समस्याओं को संगीत के साथ ही सुलझाना होगा और जो कुछ भी कहना है, वह संगीत में ही कहना होगा। यदि आपने ऐसा कोई कार्यक्रम (संगीतिका) देखा हो, जहाँ लोग गायन के जरिए ही बातचीत करते हैं तो आपको पता होगा कि यह सब देखना कितना अच्छा लगता है। यह देखकर आपको खुशी इसलिए होती है, क्योंकि वहाँ समस्याओं को भी गाकर सुलझाया जा रहा होता है और चारों ओर संपूर्ण संगीत बज रहा होता है।

❒

दौड़ने से पहले हमें चलना सीखना चाहिए।

—अज्ञात

सब्र जिंदगी के मकसद का दरवाजा खोलता है, क्योंकि सिवाय सब्र के उस दरवाजे की और कोई कुंजी नहीं है।

—शेख सादी

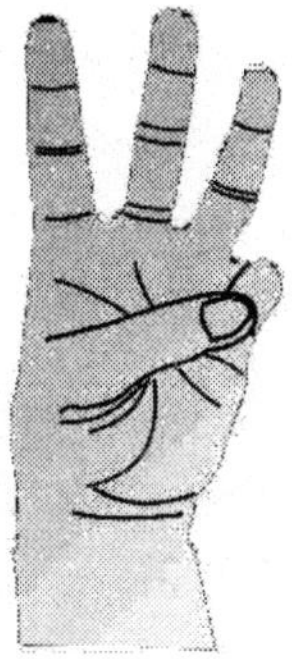

खंड 2

धीरज के धनवान कैसे बनें

भाग 7

भावना की टोपी, चेतना की पहचान

भूरालाल से मुक्ति

अधैर्य : मुझे आ रहा है रोना
धीरजवार : खुशी को मुझे नहीं है खोना

'दुनिया वैसी है, जैसे हमारी चेतना (टोपी) है।' इस वाक्य की सच्चाई परखने के लिए एक एनालॉजी की कल्पना करें।

मान लीजिए, आपके सिर पर एक टोपी है और आपको उसका रंग दिखाई नहीं दे रहा है। किसी कारणवश आप उसे उतार भी नहीं सकते तो ऐसे में आप क्या करेंगे? इसके लिए आपको आइने की जरूरत पड़ेगी। आइने में देखकर ही आप जान पाएँगे कि इस वक्त आपने किस रंग की टोपी पहन रखी है—लाल, नीली, हरी, काली, सफेद या भूरी?

इस उदाहरण में टोपी का रंग आपकी आंतरिक अवस्था का प्रतीक है। ऊपर गिनाए गए रंगों के आधार पर कुल छह मानसिक अवस्थाएँ बयान की गई हैं। इन अवस्थाओं को समझने के लिए सामनेवाला इनसान आपका आइना बनता है **(देखें पृष्ठ संख्या 59)**।

जब आपका कोई रिश्तेदार, बॉस, पड़ोसी, बीवी या पति आपके सामने आए तब उसे देखकर आपके अंदर जो विचार उठते हैं, वह आपको बताते हैं कि इस वक्त आपने कौन से रंग की टोपी पहन रखी है।'

इस तरह देखने पर आप महसूस कर पाएँगे कि कभी आपने नीले रंग की टोपी पहनी है, कभी काली, कभी हरी, कभी लाल तो कभी सफेद। अब समझे कि इन रंगों का अर्थ क्या है?

जब इनसान काली टोपी में होता है तो इसका अर्थ है कि वह हेलमेट में है। हेलमेट यानी मेट विथ हेल (मीटिंग विथ हेल), यानी वह नरक में है।

असल में नरक, मृत्यु उपरांत प्राप्त होनेवाला कोई बाहरी स्थान नहीं है बल्कि आपके अंदर पनपनेवाले नकारात्मक विचारों का प्रतीक है।

जब आप किसी को देखकर दु:खी हो जाएँ, गुस्से या तनाव में आ जाएँ तो इसका अर्थ है कि उस इनसान को देखकर आपने जाना कि इस समय आपने काले रंग की टोपी पहन रखी है।

अब आपने काली टोपी पहनी है, उसमें सामनेवाले का क्या दोष? उसने तो एक तरह से आपकी सेवा की है। उसे देखकर आपने जाना कि आपके सिर पर काली टोपी है, आप अपने केंद्र से हट गए हैं और नरक की तरफ बढ़ रहे हैं। उसकी इस सेवा के लिए आपको तो उसे धन्यवाद कहना चाहिए। लेकिन वास्तविक जीवन में लोग ऐसा नहीं करते, वह कभी अपने आइने को धन्यवाद नहीं देते। बल्कि सामनेवाले इनसान को याद कर-करके, दु:खी होकर, गुस्से की आग में तपकर, नरक की ओर बढ़ते जाते हैं।

जबकि होना यह चाहिए कि आप सामनेवाले के लिए प्रार्थना करें, क्योंकि उसने तो आपको आपकी मानसिक अवस्था का दर्शन करवाया। वह तो आपको सीधे-सीधे बता रहा है कि 'आपके मन में जो दुःख का भाव आया है, उसे फिर से सुखद बनाने के लिए और नरक से बाहर आने के लिए अब आप ही को कुछ करना होगा।'

इस प्रकार आपने काली टोपी का अर्थ समझ लिया। अब बारी सफेद टोपी की है।

सफेद टोपी स्वर्ग का प्रतीक है। स्वर्ग यानी स्व का अर्क। अर्क यानी निचोड़। हजारों फूलों को गलाने के बाद बूँदभर निकलनेवाला द्रव फूलों का अर्क कहलाता है। इसी तरह मन की सारी गलत वृत्तियाँ खत्म होकर, जो बाकी बचता है, वही असली अर्क है, सेल्फ है, तेज है, मूल है। जिसके केवल होने मात्र से इनसान के जीवन में प्रेम, आनंद और मौन का साम्राज्य फैलता है।

कुछ लोगों से मिलकर आपको सुखद भावना का एहसास होता है। 'मैं स्वर्ग में हूँ' की अनुभूति होती है। ऐसे लोग आपको स्वर्ग का एहसास दिलाने के लिए आपका आईना बनते हैं। जिन्हें देखकर आपको यह ज्ञात होता है कि स्वर्ग कहीं और नहीं बल्कि हमारे अंदर ही है।

इसी तरह जब किसी को देखकर आपके मन में करुणा का भाव आता है तो इसका अर्थ है कि वह करुणा आपके अंदर पहले से ही थी। जब आपको लोग अच्छे लगने लगते हैं तो इसका अर्थ है कि आप अच्छे होने लगे हैं। इससे आपको लोगों के बारे में नहीं बल्कि अपने बारे में सच का पता चलता है।

स्व के अर्क में पहुँचना

जिस दिन आपको सभी लोग अच्छे लगने लगें तो उसका अर्थ है कि आप खुद बहुत अच्छे बन गए हैं, स्वर्ग (स्व के अर्क) में पहुँच गए हैं। अब आपके मन में किसी के प्रति कोई शिकायत नहीं रही। सिर्फ इनसान या जानवर के प्रति ही नहीं बल्कि आपके घर, गाड़ी, फर्नीचर, गाँव, देश किसी भी चीज के प्रति अब आपके मन में कोई शिकायत नहीं है। जब ऐसा हो जाए तो समझ जाएँ कि आप इन टोपियों से परे जा रहे हैं।'

केवल रंगों द्वारा किसी को अपने अंदर दबे विकार पता चलना, यह कितनी अद्‌भुत और आश्चर्य करने लायक बात है। यहाँ तो एक तरीका बताया गया, जिसके सहारे आपको भी अपने लिए जीवन की अलग-अलग परिस्थितियों में ऐसे ही नए और रचनात्मक तरीकों की खोज कर, उलझन भरे उथल-पुथल जीवन से संतुलित जीवन की ओर बढ़ना होगा।

मजेदार बात यह है कि आपकी अवस्था लगातार बदलती रहती है। अभी एक टोपी है, थोड़ी देर में दूसरी टोपी आ जाती है, फिर तीसरी। इस वक्त आपने कौन सी टोपी पहन रखी है, यह जानने के लिए आईनों की व्यवस्था की गई है। लोगों को देखकर, सुनकर आपके अंदर जो भाव उठता है, वह आपको बताता है कि आप स्वर्ग की तरफ जा रहे हैं या नरक की तरफ।

छह में से तीन टोपियाँ नरक से संबंधित हैं। वे हैं—काली, भूरी और नीली टोपी।

काली टोपी बताती है कि आप इस समय नरक में हैं। भूरी टोपी आपको नरक में ढकेलती है और नीली टोपी आपको यह बताती है कि इस समय आप ऐसी अवस्था में हैं, जो आपको नरक से बाहर निकाल रही है।

दूसरी तरफ स्वर्ग से संबधित तीन टोपियाँ हैं—सफेद, हरी और लाल।

सफेद टोपी बताती है कि आप इस समय स्वर्ग में हैं। हरी टोपी आपको स्वर्ग की ओर ले जाती है। लाल टोपी बता रही है कि अब तक आप स्वर्ग में थे, लेकिन अब नरक में जा रहे हैं।

ध्यान रहे कि ये सारे रंग प्रतीक हैं, संकेत हैं, इन्हें सही या गलत का लेबल लगाकर, इनमें उलझें नहीं। केवल विषय को समझने के लिए यह छह रंग लिए गए हैं। इन रंगों के माध्यम से हमें अपने आपको जानना है, मन के लिए अमन प्राप्त करना है, ताकि मन नमन हो जाए। नमन यानी न-मन। इसका अर्थ है कि जब मन नकारात्मक वृत्तियों से बाहर निकल जाता है तो अमन छा जाता है और संतुलित जीवन संगीत बजने लगता है।

अब टोपियों के रंगों के बारे में विस्तार से जानेंगे। जिस समय आपके अंदर दूसरों के प्रति क्षमा का भाव जागे तो समझ जाइए कि इस वक्त आपने नीली टोपी पहन रखी है। जो आपको स्वर्ग की तरफ ले जा रही है।' इसी तरह जब आपके अंदर करुणा का भाव आए तब यह इस बात का संकेत है कि आपने हरे रंग की टोपी पहनी हुई है, जो आपको स्वर्ग के अंदर ले जा रही है।

आपके मन में जो भी भाव आ रहे हैं, वह आपको आपके ही बारे में कुछ बता रहे हैं और इसके लिए सामनेवाला आपका आईना बन रहा है। इसी तरह जब मन में शंका या शिकायत का भाव आए तो इसका अर्थ है कि इस समय आपके सिर पर लाल टोपी है। शंका, शिकायत, बहानेबाजी, लाल टोपी का प्रतीक हैं।

खुद में बदलाव लाएँ

टोपी की एनालॉजी यह भी समझाती है कि हमें बदलाव कहाँ लाना है? दूसरों में या स्वयं में? यकीनन सामनेवाले को नहीं, खुद को बदलना है। सामनेवाला तो आईना है। जब आप आईने के सामने जाते हैं तो अपना मेकअप करते हैं, अपने आपको बदलते हैं। आईने के सामने खड़े होकर क्या

कोई आईने पर ही लिपस्टिक या पाउडर लगाता है? नहीं न! वह तो खुद का मेकअप करता है, जिसके लिए आईना निमित्त है। इसी तरह आपको खुद को बदलना है, आईने (दूसरों) को नहीं। अपना मेकअप करना है, आईने का नहीं।

मेकअप करना, यानी मन में जमा क्रोध, ईर्ष्या, संदेह अहंकार, नफरत, द्वेष रूपी कचरे को निकालना।

इसके लिए प्रार्थना कारगर उपाय है। प्रार्थना में अपार शक्ति होती है। किसी के प्रति नफरत या क्रोध आने पर भी जब आप उसके मंगल और कल्याण के लिए प्रार्थना करते हैं तो आपका भाव बदलकर वहाँ प्रेम व करुणा जाग्रत हो जाती है। आप स्वर्ग की तरफ जाने लगते हैं। इस तरह दूसरों के लिए प्रार्थना करके आप दूसरों पर नहीं बल्कि खुद पर एहसान करते हैं।

टोपी की एनालॉजी से आपने समझा कि किस तरह अपने भावों में होनेवाले परिवर्तन की वजह से हम स्वर्ग या नरक में झूलते रहते हैं और संतुलित जीवन संगीत को कभी सुरीला तो कभी बेसुरा करते रहते हैं।

यहाँ भूरा और लाल किस चीज का प्रतीक है, यह बात आपको समझ में आ गई होगी। भूरा नरक की तरफ ले जा रहा है और लाल स्वर्ग से बाहर निकाल रहा है। अत: अब आप अपने लिए सही टोपी का चुनाव कर, धीरज के धनवान बनें, ताकि संतुलित जीवन संगीत की सुरीली तान सदा गूँजती रहे।

❐

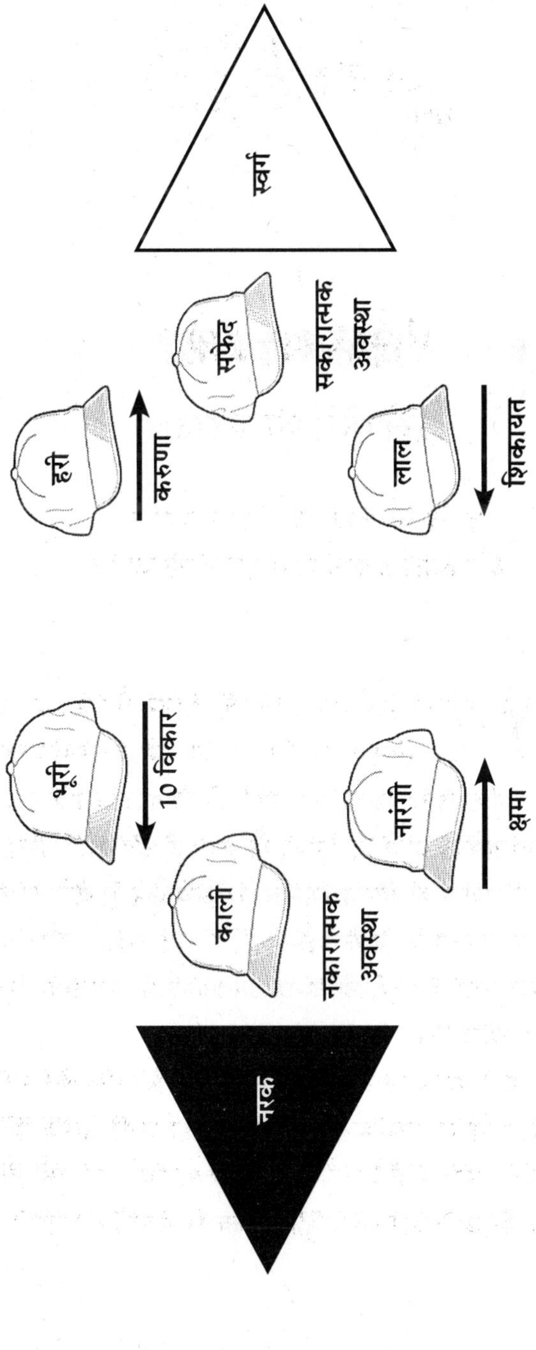
स्वर्ग
सफेद
सकारात्मक अवस्था
हरी
करुणा
लाल
शिकायत
भूरी
10 विकार
नारंगी
क्षमा
काली
नकारात्मक अवस्था
नरक

भाग 8

धीरज का वार

मुसीबतों पर प्रहार

अधैर्य : रखता नहीं कोई मेरा मान
धीरजवार : कौन हूँ मैं यह पहले जान

'धीरज' शब्द सुनकर कई बार लोग यह समझ लेते हैं कि 'अब हमें हाथ पर हाथ धरकर बैठ जाना है और केवल समय बीतने का इंतजार करना है।' इसीलिए धीरज शब्द लोगों को उतना आकर्षित नहीं करता, जितना कर्म या प्रतिक्रिया शब्द। रजोगुणी के लिए तो यह और भी कठिन है। उसके लिए किसी घटना में धीरज रखना बिल्कुल ऐसे है जैसे खरगोश को कछुए की चाल से चलने के लिए कहना। लेकिन दरअसल धीरज शब्द का अर्थ इतना सीमित नहीं है। इसे अगर अलग शब्दों में समझाया जाए तो वे शब्द होंगे- 'वेट, वॉच विथ वंडर।'

धीरज क्या है ? धीरज असल में वह ताकत है, जिसका वार आपको हर मुसीबत से बाहर निकाल सकता है। धीरज का वार यानी धीरज का प्रहार।

मान लीजिए, आप हथौड़े की मदद से एक बड़े पत्थर को तोड़ने की कोशिश कर रहे हैं, आप बार-बार पूरी ताकत से हथौड़े को पत्थर पर मार

रहे हैं, लेकिन पत्थर टूट नहीं रहा। इसके बावजूद आप जुटे रहते हैं। हथौड़े से प्रहार करते रहते हैं। आखिरकार जब आप सौंवीं बार हथौड़ा मारते हैं तब पत्थर टूट जाता है। अब जरा सोचिए कि क्या इस पत्थर को तोड़ने के कार्य में आपका निन्यानवे बार हथौड़ा चलाना बेकार गया? नहीं, दरअसल उन निन्यानवे चोटों के बाद ही पत्थर इतना कमजोर हुआ कि सौंवीं बार में वह टूट गया। निन्यानवे बार किए गए प्रहार असल में धीरज के प्रहार थे। पत्थर तोड़ने की कोशिश में आखिरी दम तक आप अपना कार्य करते रहे, आपने अपना धीरज बनाए रखा और आखिर में पत्थर टूट गया।

उपरोक्त उदाहरण द्वारा यह बताने का प्रयास किया जा रहा है कि जीवन की घटनाओं में धीरज रखते हुए कर्म करने से जो फल प्राप्त होगा, वही सफल फल है। यहाँ पर सफल का अर्थ दो संदर्भों में कहा गया है। एक सफल यानी सुगम परिणाम सहित और दूसरा सफल यानी कामयाब जीवन। इसे ही संतुलित जीवन संगीत कहा गया है। लेकिन वास्तविक जीवन में अधिकतर लोग यही मानते हैं कि धीरज रखने का अर्थ है, कुछ न करना, चुपचाप इंतजार करते रहना। इनसान की इस अधूरी सोच के कारण बहुत से लोग धीरज नामक मानसिक औजार (ताकत) का इस्तेमाल ही नहीं कर पाते।

धीरज का फल मीठा

पहले 'मंदिर' शब्द को 'मंधीर' कहा जाता था। मंधीर का अर्थ होता था, जहाँ इनसान को धीर मिले, धीरज मिले। अत: लोग धीरज पाने के लिए मंदिर जाया करते थे।

कहने का अर्थ है कि सफल, संतुलित जीवन संगीत की धुन सुनने,

उसका आनंद उठाने के लिए धीरज काबिलीयत बढ़ाता है। धीरज रखने से कठिन से कठिन कार्य भी आसान हो जाता है। यह ध्यान रखें कि धीरज का अर्थ बोरडम (उकताहट) नहीं है। धीरज के बारे में सोचकर कई लोगों के मन में बोरडम या कड़वाहट की भावना आती है, लेकिन धीरज कड़वाहट नहीं है, उसका फल बहुत मीठा होता है। आप सभी इस कहावत से भली-भाँति परिचित होंगे कि 'सब्र का फल बड़ा मीठा होता है।'

किसी भी जख्म को भरने के लिए धीरज की दवा और दवाई की खुराक आवश्यक होती है। सिर्फ दवाई की खुराक से जख्म नहीं भरता, साथ में धीरज की दवा भी लेनी पड़ती है। मान लीजिए, किसी को हार्ट अटैक आ जाए और वह धीरज खो दे, आस-पास के लोग भी धीरज न रखें तो उस अटैक का असर बढ़ सकता है, जबकि धीरज रखा जाए तो आसानी और योग्य तरीके से उस बीमारी से बाहर निकला जा सकता है। जिन लोगों के रिश्तेदार और करीबी लोग कठिन समय में धीरज रख पाते हैं, वह बड़ा संतुष्टि भरा जीवन जीते हैं।

यदि हमारे आस-पास ऐसे लोग हों, जो किसी भी घटना के होने पर अपना धीरज बनाए रखते हों तो सबकुछ आसान हो जाता है। लेकिन इसके लिए सबसे पहले आपको अपनी अवस्था को जानना होगा। आपको यह पता लगाना होगा कि इस समय आप कौन से रंग की टोपी पहने हुए हैं। जब आप अपनी टोपी का रंग, यानी अपनी इस समय की अवस्था जान लेंगे तब उसका इलाज भी कर पाएँगे। फिर हर चीज को, हर घटना को आप अपनी समझ की मशाल के प्रकाश में देख पाएँगे। किसी घटना को समझ के साथ देखने पर आपको पता चलेगा कि वह इतनी भयानक नहीं है, जितना आपका मन उसे मानकर चल रहा है। वरना किसी भी चीज को देखने पर मन अंदर-ही-अंदर उसकी एक मान्य कथा बना लेता है।

जैसे यदि कोई इनसान कमर पर हाथ रखकर खड़ा हो तो उसे देखकर आपका मन फौरन कहेगा कि 'देखो वह कितना अकड़ू है।' जबकि हो सकता है कि उसकी पैंट ढीली हो और वह उसे सँभाल रहा हो। मन तो बस एक नजर

देखकर अपनी कथा बनाकर, हर चीज का कोई-न-कोई मतलब निकाल लेता है। जैसे किसी को देखकर मन कहता है कि 'अरे फलाँ इनसान तो बहुत बुरा है, फलाँ इनसान तो बड़ा मतलबी है या फलाँ इनसान तो यही चाहता है कि मेरा बुरा हो जाए।' इस तरह मन उसे पसंद न आनेवाली घटना में मान्यकथा बनाकर, उस पर स्टैंपिंग भी कर लेता है अर्थात् घटना को सच मानकर उस पर अपनी मुहर लगा लेता है कि 'फलाँ-फलाँ ऐसा ही होगा, जैसा मैंने सोचा है।'

उदाहरणार्थ, कभी बिल्ली रास्ता काटकर जाती है तो मन की मान्यकथा होती है कि 'अपशगुन हो गया, अब तो कुछ-न-कुछ बुरा जरूर होगा।' किसी की दाईं आँख फड़कने लगे तो उसे लगता है, 'अब कुछ तो गलत होगा।' किसी के हाथ में खुजली हो रही हो तो उसे लगता है, 'अब मुझे धन लाभ होगा।' इसी तरह और भी मान्यताएँ हैं, जैसे फलाँ दिन नमक या तेल नहीं खरीदना चाहिए, फलाँ दिन बाल नहीं कटवाने चाहिए इत्यादि, आप ऐसी कई सारी मान्यताएँ हर रोज सुनते होंगे। अब आपको यह तय करना होगा कि सच क्या है और मान्यकथा क्या है।

आइए, अब मान्यकथाओं के पीछे के तर्क को समझें। उदाहरण के लिए यह मान्यकथा बनी है कि 'रात के समय घर में झाड़ू नहीं लगानी चाहिए' तो इस मान्यकथा के पीछे सच्चाई यह है कि पुराने जमाने में जब बिजली का आविष्कार नहीं हुआ था, तब उस समय रात के अंधेरे में झाड़ू लगाने से यह खतरा बना रहता था कि कहीं गलती से किसी कीमती चीज को कचरा मानकर कोई बाहर न फेंक दे। इसलिए उस समय यह मान्यता बनाई गई, ताकि लोग रात के समय झाड़ू लगाए ही नहीं। लेकिन लोग बिना अपना दिमाग लगाए, बिना तर्क के आज भी वही पुरानी बातें मानकर, उनका अनुकरण करते रहते हैं और जरूरत होने के बावजूद भी सफाई नहीं करते। इस तरह मान्यकथा- जी का जंजाल बन जाती है।

ऐसी साधारण मान्यकथाओं को सच मानकर यदि आप उनका अनुकरण करते भी रहें तो कोई बड़ा नुकसान नहीं होगा। नुकसान तो उन मान्यकथाओं से है, जिनके कारण आपके मन में दुःख की भावनाएँ पैदा हो जाती हैं।

उदाहरण के लिए, ये मान्यकथाएँ कि 'मुझे कोई प्यार ही नहीं करता, कोई मेरा खयाल ही नहीं रखता, मैं घर में सबसे छोटा हूँ, इसलिए सभी मुझ पर रोब जमाते हैं। आखिर मेरे साथ ही ऐसा क्यों होता है।' वगैरह-वगैरह। ऐसी न जाने और कितनी मान्यकथाएँ मन के अंदर बनती रहती हैं, जिनके कारण इनसान के मन में दुःख पैदा होता है। जितने लोग होते हैं, उतनी ही किस्म की मान्यकथाएँ होती हैं। हर इनसान अपनी किसी-न-किसी मान्यकथा के चलते दुःखी होता रहता है। यदि वह अपनी मान्यकथा से खुद को मुक्त कर ले तो उसका दुःख समाप्त हो सकता है।

भूरालाल के मामले में आप देखेंगे कि इनसान खुद अपनी मान्यकथा बनाता है। वह अपने मन में शंका लाता है, शिकायत करता है, अपनी कथा बनाता है और साथ ही उस पर स्टैंपिंग भी कर लेता है। यानी वह इस बात पर मुहर लगा देता है कि मैंने जो कथा बनाई, वह सही है।

> जैसे भूरालाल रेल में सफर कर रहा था। टिकट चेकर ने आकर उसका टिकट देखकर कहा, 'तुम्हारा टिकट तो कोल्हापुर का है, जबकि रेल तो मुंबई जा रही है?' इस पर भूरालाल ने कहा कि 'यदि ऐसा है तो मुझे क्यों बता रहे हो, जाकर रेल के ड्राइवर को बताओ।'

कहने का अर्थ है कि हर इनसान यही मानकर चलता है कि बदलाव की जरूरत उसे नहीं बल्कि दूसरे को है। अधिकतर लोग भूरालाल जैसी ही सोच रखते हैं। आइए, इसे एक और उदाहरण से समझते हैं—

> शामलाल नामक एक इनसान बहुत दुःखी है और आपने उसे बताया कि 'तुमने गलत टोपी पहन रखी है, इसे बदल लो' तो वह कहता है, 'मैं दुःखी हूँ और तुम मुझे ही समझा रहे हो? मैं तो इसलिए दुःखी हूँ, क्योंकि सामनेवाले ने मेरे साथ गलत किया। यदि वह ऐसा नहीं करता तो मैं दुःखी नहीं होता। इसलिए मुझे मत समझाओ बल्कि उसे जाकर समझाओ, जिसने मेरे साथ गलत किया।'

जैसे भूरालाल को इस बात पर संदेह नहीं था कि वह गलत ट्रेन में चढ़ गया है या उसने गलत टिकट खरीद ली है, ठीक इसी तरह शामलाल भी अपने दु:ख के लिए दूसरे को ही जिम्मेदार मानता है। अत: भूरालाल तो शामलाल से भी एक कदम आगे की मान्यकथा में है, वह तो रेल चलानेवाले को ही गलत मान लेता है।

उपरोक्त दोनों उदाहरणों से यह समझना होगा, कि आपको अपने टिकट (दु:ख, परेशानी, चिंता, तनाव) पर संदेह करना सीखना होगा यानी यह मानकर न चलें कि 'हमेशा मैं ही सही होता हूँ।' अर्थात् जब भी किसी नकारात्मक घटना में आपका मन उलझ जाए, दु:ख मनाएँ और उसे ही सही मान लें तब वहाँ धीरज रखें, रुकें और खोज करें कि 'वाकई मैं जो मान रहा हूँ, वह सही है या गलत।' इसे बेनिफिट ऑफ डाऊट भी कहा जाता है यानी घटना में रुककर, स्वयं की सोच (कथा) पर ही शंका लानी है और तुरंत खोज* करनी है।

❐

* 'खोज' इस विषय को गहराई से समझने के लिए तेजज्ञान फाउंडेशन द्वारा प्रकाशित पुस्तक 'स्वयं का सामना–हरक्युलिस की खोज' पुस्तक का लाभ लें।

भाग 9

धीरज का जादू

सफल फल

अधैर्य : मैं हूँ बड़ा बेबस

धीरजवार : मुझमें है सत्य का रस, जिससे मैं हो जाऊँगा फोकस्ड

जब जुबान के साथ धीरज न हो तो जुबान साँप बन जाती है और गुस्सा साँप का जहर बन जाता है। ठीक इसके विपरीत जब जुबान के साथ धीरज जुड़ जाता है तब यही जुबान विकास की सीढ़ी बन जाती है, रिश्तों में मिठास लाती है। धीरजवान जुबान और धीरजरहित जुबान, दोनों में बड़ा फर्क है।

एक बार की बात है, एक राज्य में अकाल पड़ा। बारिश न होने के कारण जलस्तर घट गया। कुएँ सूख गए और तालाब भी सूखने लगे। एक तालाब में एक कछुआ रहता था, वहाँ का पानी भी सूखने लगा। एक दिन बगुलों ने कछुए को बताया कि वह दूसरे देश जा रहे हैं, ताकि उन्हें अच्छा दाना-पानी मिल सके। कछुए ने उनसे कहा कि वह उसे भी अपने साथ ले चलें। बगुले बोले कि 'हम तुम्हें कैसे ले जा सकते हैं ? हम तो उड़कर जाएँगे, तुम कैसे उड़ सकते हो ?'

कछुए ने उन्हें अपनी मित्रता का वास्ता दिया और कहा कि 'सच्चे मित्र मुसीबत में साथ छोड़कर नहीं जाते हैं बल्कि मित्र की मदद करने का कोई-न-कोई तरीका निकाल ही लेते हैं।'

आखिरकार कछुए के दिमाग में एक योजना आई। उसने कहा कि 'तुम दोनों अपनी चोंच में एक मोटी डंडी पकड़ लेना और मैं उसे अपने मुँह में दबाकर लटक जाऊँगा।' बगुलों को भला इसमें क्या दिक्कत हो सकती थी? लेकिन चलने से पहले उन्होंने चेतावनी दी, 'देखो, चलने से पहले हम तुम्हें सावधान करते हैं कि तुम्हें दो बातों का ध्यान रखना होगा। पहली बात, हिलना-डुलना मत, क्योंकि इससे हमारा संतुलन बिगड़ जाएगा और डंडी हमारी चोंच से छूट सकती है। दूसरी बात, चाहे जो हो जाए, अपना मुँह बंद रखना, क्योंकि मुँह खोलने पर तुम्हारे मुँह से डंडी छूट जाएगी और तुम जमीन पर गिरकर मर जाओगे।'

कछुए ने खुशी-खुशी उनकी दोनों बातें मान लीं। आखिरकार, बगुले कछुए को लेकर हवा में उड़ने लगे। जब वह एक शहर के ऊपर से उड़ रहे थे तो नीचे से कुछ बच्चे चिल्लाए, 'देखो तो सही, बगुलों के साथ यह कौन सा अजीब जानवर चला जा रहा है।' एक बच्चा बोला, 'शायद कोई चूहा है।' दूसरा बोला, 'नहीं, शायद कोई मेढक होगा।' बच्चों की बातें सुनकर कछुए को गुस्सा आ गया और वह बगुलों की चेतावनी भूल गया। क्रोध में आकर उसने कहा, 'मूर्खों, मैं कछुआ हूँ।' वह इसके आगे भी बहुत कुछ कहना चाहता था, लेकिन कह नहीं पाया, क्योंकि उसके मुँह से डंडी छूट गई और वह जमीन पर गिरकर अपाहिज हो गया।

कई परिस्थितियों में चुप रहने में ही समझदारी होती है और बोलने से

बहुत नुकसान हो सकता है। वैसे भी मौन वाचालता से श्रेष्ठ है। कछुआ अगर अपनी जुबान पर संयम रखता तो दुर्घटना से बच सकता था। वह अपनी ही मूर्खता के कारण जख्मी हुआ। कुछ लोग उस कछुए की तरह ही होते हैं, जो अपनी डींगे हाँकना चाहते हैं, अपना गुणगान करना चाहते हैं और लोगों को अपने बारे में बताना चाहते हैं। नतीजन सामनेवाले के मन में उनकी अच्छी छवि नहीं बनती और उन्हें नुकसान होता है, जैसा कि उस कछुए को हुआ।

जुबान की तरह ही आपके कान के साथ भी यही सिद्धांत लागू होता है। यदि कान के साथ धीरज न हो तो कान युद्ध का मैदान है और यदि इसके साथ धीरज जुड़ जाए तो कान सत्य श्रवण का द्वार है, जिसके जरिए आप जीवन का अंतिम सत्य सुन सकते हैं। केवल धीरज के कारण आप संतुलित जीवन संगीत की मधुर धुन सुनकर, उसकी सराहना कर पाते हैं। इसे ही ईश्वर की सराहना करना कहा गया है। हालाँकि कान अब भी वही है, जो पहले था। मगर अब इसके पास धीरज है, जो सत्य श्रवण का द्वार बन चुका है। ऐसे कान के लिए केवल एक ही काम बचता है—संतुलित जीवन संगीत की सराहना सुनना।

इनसान की यह संभावना तब खुलेगी, जब वह धीरज का धनवान बनेगा। वरना कोई आपके सामने किसी की चुगली करे और आप उसकी बात पर तुरंत स्टैंपिंग कर दें, सच मान लें तो समझ जाना कि आपका कान युद्ध का मैदान बन रहा है। किसी ने कहा कि 'फलाँ इनसान बहुत बुरा है' तो मन तुरंत सामनेवाले की हाँ-में-हाँ मिलाता है, क्योंकि आदतवश मन नकारात्मक बातों पर अपनी स्टैंपिंग कर देना चाहता है। अच्छी या सकारात्मक बातों पर मन जल्दी भरोसा नहीं करता। जो इनसान कान से कच्चा (दूसरों की बुराई पर जल्दी यकीन करनेवाला) होता है, उसमें धीरज की कमी होती है, इसलिए आए दिन वह लोगों से झगड़ पड़ता है। उदाहरण के लिए, किसी ने आप से कहा कि 'फलाँ इनसान आपके बारे में भला-बुरा कह रहा था' तो आप सच्चाई का पता लगाए बिना उसकी बात पर तुरंत यकीन कर, उस इनसान से झगड़ बैठते हैं। अगर आप में धीरज का गुण होता तो आप कुछ

क्षण रुकते, सच्चाई जानने की कोशिश करते कि वाकई ऐसा है या नहीं। अधिकतर घटनाएँ या बातें वैसी नहीं होतीं, जैसे हमने समझीं, देखीं या सुनी होती हैं। खोज करेंगे, घटना की तह तक जाएँगे तो खुद पर ही शरम आएगी कि 'ख्वाहमख्वाह हमने इस तरह सोचा, सच्चाई तो कुछ और ही बयान कर रही है।' इस तरह धीरज से कार्य करने पर आपके कान सत्य का द्वार बन जाएँगे और ईश्वर की हर रचना की सराहना करके, संतुलित जीवन की मधुर धुन सुन पाएँगे।

जरा सोचिए, दुनिया को कितने अच्छे ढंग से बनाया, सजाया, सँवारा गया है। इनसान को कितने अच्छे रिश्ते-नाते दिए गए हैं, सबकुछ कितना बढ़िया, कितना खूबसूरत है। चाहिए सिर्फ वह आँख, जो दुनिया को सुंदरता की नजर से देखे। यदि आपकी आँखों के साथ धीरज नहीं है तो यही आँख अंधा कुआँ बन जाती है और लालच एवं वासना इस अंधे कुएँ का दूषित जल। यदि इसी आँख के साथ धीरज जुड़ जाए तो यह महासागर बन जाती है और इसमें करुणा की लहरें हिंडोले खाती है।

इसी तरह यदि नाक के साथ धीरज नहीं है तो यह यम है, यमराज है। साँस बंद हो गई तो इनसान का शरीर मृत हो जाता है। इस साँस के साथ यदि धीरज जुड़ जाए तो प्राणायाम है, जिसके सहारे स्वास्थ्य मिलता है। धीरज के बिना साँस यम बन जाती है और डर उस यम का बैल बन जाता है।

हाथों के साथ धीरज न जुड़ा हो तो हाथ पापी हैं। वरना वे महानिर्वाण महानिर्माण का साधन हैं।

धीरज के साथ समझ का होना बहुत आवश्यक है। सामनेवाले के गाली देने पर आपने धीरज रखा भी, लेकिन उसके पीछे समझ नहीं रखी तो यह घटना आपको सुख के बजाय दु:ख ही देगी। धीरज रखने और माफ करने के पीछे उद्देश्य है कि आपकी खुशी बरकरार रहे, उसमें कोई रुकावट न आने पाए। हर घटना में, फिर वह गाली हो या ताली, यह जानना जरूरी है कि उसके पीछे समझ क्या है। क्या आपने इस समझ के साथ धीरज रखा है कि 'अब मुझे वॉच, वेट विथ वंडर देखना है। मनन द्वारा घटना में छिपे अदृश्य

तोहफे खोलने हैं, कुदरत द्वारा दिया गया संकेत पकड़ना है। आह (दुःख) से आहा (आनंद) अपने होने के एहसास को जानना है। किसी ने आपको गाली दी और आपको बुरा लग रहा है तो अब आप खोज कर पाएँ कि आप स्वयं के साथ, जो आप हकीकत में हैं, कहाँ-कहाँ बुरा व्यवहार करते हैं।

इसी समझ के जरिए आप जानेंगे कि इस वक्त आपने कौन से रंग की टोपी पहनी हुई है—नीली, हरी या भूरी। यदि नीली, हरी टोपी पहनी हुई है तो आप स्वर्ग में हैं। यदि भूरी है तो नरक में।

कुछ बातों के लिए आपको ज्यादा समय तक धीरज रखना पड़ता है। आपको पता है कि जब काले बाँस के पेड़ का बीज डाला जाता है तो उसे बहुत सालों तक खाद-पानी देना पड़ता है। कई सालों तक बीज अंकुरित नहीं होता। लेकिन जब अंकुर आता है तो वह सिर्फ तीन महीने में तीस फुट तक बढ़ जाता है। यह धीरज का फल है।

कई बार आप लंबे समय तक धीरज रखते हैं, फिर भी खोज करने के बावजूद, ध्यान करने के बावजूद भी लंबे समय तक आपको परिणाम नहीं मिलता। ऐसे में काले बाँस के पेड़ का उदाहरण याद रखें, जिसमें लंबे समय तक धीरज रखने के बाद जो परिणाम आता है, वह चौंकानेवाला होता है। कहने का अर्थ है कि कुछ बातें ऐसी होती हैं, जिनके लिए बहुत लंबे समय तक धीरज रखना पड़ता है और यदि आपने वह धीरज रख लिया तो इसके बाद आपको बहुत कम समय में ही बहुत अच्छे फल का परिणाम (सफल) मिल जाता है। आप अचानक देखते हैं कि आपका जीवन आनंदमय हो गया। लेकिन तब तक धीरज रखना बहुत आवश्यक होता है।

यदि आप विद्यार्थी हैं तब तो 'धीरज' आपके लिए और भी आवश्यक हो जाता है, क्योंकि विद्यार्थियों को तमाम मुश्किलातों का सामना करना पड़ता है। अच्छा परीक्षाफल लाना होता है, तरह-तरह की प्रतियोगात्मक परीक्षाओं से गुजरना पड़ता है, कैरियर बनाना होता है आदि। ऐसे में धीरज सबसे ज्यादा काम आता है। विद्यार्थी जीवन का समय धीरज रखने का समय है। इस समय अपनी काबिलीयत बढ़ाने का कार्य करना होता है और एक

दिन अचानक उसे प्रकट करने का मौका आता है। यह जीवन में कुछ कर दिखाने का मौका होता है। उस वक्त आप देखेंगे कि लगातार धीरज रखने से जो विकास हुआ, मौका मिलते ही वह रंग लाया। लेकिन तब तक धीरज रखना जरूरी होता है। यह भी खयाल रखें कि धीरज का अर्थ बोरडम नहीं है बल्कि उसका फल बहुत मीठा है। यह ऐसी दवा है, जो हर घाव को भर सकती है। यह ऐसा फल है, जो सबसे मीठा है, सफल है। यह ऐसा फूल है, जो निर्मल है, कमल है।

❐

भाग 10

धीरजवार करते रहें

खोज की ओर बढ़ते रहें

अधैर्य : कितना है, हर तरफ शोर
धीरजवार : उसमें भी तो है मौन का बड़ा जोर

धीरज का वार कभी भी खाली नहीं जाता, आवश्यकता है केवल लगातार प्रहार करते रहने की। निरंतरता के साथ धीरज पर कार्य किया गया तो सफलता का फल अवश्य मिलेगा। धीरज की अवधि सच्ची सफलता की कुँजी है। प्रस्तुत घटना इसी का प्रमाण है—

जेम्स ए. गारफील्ड हीरम कॉलेज के प्रेसिडेंट थे। एक दिन एक आदमी अपने बेटे के साथ उनके पास आया। उसने गारफील्ड से कहा कि वह चाहता है कि उसका बेटा निर्धारित अवधि से भी कम समय में अपनी पढ़ाई पूरी कर ले। उसने आगे यह भी कहा कि उसका बेटा कुछ चुनिंदा विषय ही पढ़ना चाहता है और वह शॉर्टकट का इस्तेमाल करके फटाफट डिग्री लेना चाहता है। उस आदमी की बात सुनकर गारफील्ड ने उससे पूछा, 'आपका बेटा कम समय में पढ़ाई पूरी क्यों करना

चाहता है ?' उस आदमी ने कहा कि कम समय में पढ़ाई पूरी करने से उसके बेटे को फायदा होगा।

यह सुनकर गारफील्ड ने जवाब दिया, 'हाँ, यह संभव है। वह कम समय में पढ़ाई पूरी कर सकता है, लेकिन यह इस बात पर निर्भर करता है कि आप उसे क्या बनाना चाहते हैं। देखिए, जब ईश्वर ओक का विशाल वृक्ष बनाना चाहता है, तो उसे इस काम में सौ साल का समय लगता है, लेकिन किसी बेल को बनाने में उसे केवल दो महीने का समय ही लगता है। अगर आप अपने बेटे को बेल जैसा बनाना चाहते हैं तो संक्षिप्त पाठ्यक्रम में उसका नाम लिखवा दें। दूसरी ओर, अगर आप अपने बेटे को विशाल वृक्ष जैसा बनाना चाहते हैं तो उसे पूर्ण पाठ्यक्रम की निर्धारित अवधि पूरी करने दें।' गारफील्ड की बात सुनकर उस आदमी की आँखें खुल गईं और उसने संक्षिप्त पाठ्यक्रम का विचार त्याग दिया।

यदि हमारा लक्ष्य बड़ा है तो उसे प्राप्त करने के लिए हमें धीरज रखते हुए निर्धारित अवधि तक समर्पित रहना होगा और खूब मेहनत करनी होगी। दूसरी ओर, अगर हमारा लक्ष्य छोटा है तो हम कम अवधि में भी अधीरता के साथ उसे प्राप्त कर सकते हैं।

आज के इंस्टंट युग में इनसान हर चीज बहुत जल्दी हासिल कर लेना चाहता है। वह बहुत सारे काम एक साथ कम अवधि में पूरे करना चाहता है। ऐसे में यह याद रखने से लाभ होता है कि दीर्घकालीन सफलता हमेशा लंबी तैयारी और समर्पण के बाद ही मिलती है। यदि हमारी तैयारी कमजोर है, बिना धीरज के है तो परिणाम भी कमजोर होंगे। अगर हमारी जड़ें कमजोर हैं तो हम विशाल वृक्ष नहीं बन सकते। कमजोर तैयारीवाले लोग बेलों जैसा जीवन जीते हैं और हमेशा सहारे के लिए दूसरों पर आश्रित रहते हैं। जब जड़ें मजबूत होती हैं तभी पेड़ बिना किसी सहारे के अपने दम पर खड़ा रह सकता है।

सफलता का कोई शॉर्टकट नहीं होता। अगर शॉर्टकट का इस्तेमाल करके कोई सफल हो जाता है, यह तो वैसा ही है, जैसे कद्दू की बेल बिना किसी सहारे के सीधे आसमान की ओर जाने की कोशिश करे। कुछ ही समय में शॉर्टकट अपनानेवाले व्यक्ति की असलियत सामने आ जाती है और वह असफलता के गर्त में पहुँच जाता है। यदि आपका ध्येय लंबे समय तक सफल बने रहना है तो शॉर्टकट से काम नहीं चलेगा। उसके लिए आपको पूरी तैयारी, मेहनत, समर्पण, सहनशीलता और धैर्य से लक्ष्य की दिशा में जुटे रहना होगा।

हर चीज की एक निश्चित अवधि होती है। फल पकने में एक निश्चित समय लगता है। आप रासायनिक पदार्थों का उपयोग करके उसे जल्दी पका तो सकते हैं, लेकिन उसमें आपको वह खुशबू और स्वाद या स्वास्थ्य नहीं मिल सकता, जो निर्धारित अवधि में नैसर्गिक रूप से पकने पर मिलता। अत: इनसान को धैर्य और समर्पण भाव से लक्ष्य की दिशा में मेहनत करनी चाहिए और तुरत-फुरत सफलता हासिल करने की कोशिश को त्यागना चाहिए। कैसे ? आइए, इसे अधिक विस्तार से आगे दिए गए विवरण द्वारा समझते हैं।

वैसे तो सप्ताह में सात दिन होते हैं, मगर आप धीरजवार को सप्ताह का आठवाँ दिन मान सकते हैं। जिस तरह हर दिन की अपनी एक विशेषता होती है, वैसी ही धीरजवार की भी अपनी खासियत है। इसमें धीरज भी होता है और वार (प्रहार) भी। आप इसे धैर्य कहें या सब्र कहें या सहनशीलता कहें, इसका सप्ताह के सातों दिन उपयोग किया जा सकता है। इसे सभी गुणों का निचोड़ भी कहा जा सकता है। अत: आपको किसी भी घटना में तब तक धीरज का वार करते रहना है, जब तक कि योग्य परिणाम नहीं मिल जाता और जिस दिन योग्य परिणाम मिल जाए, वह दिन आपके लिए धीरजवार बन जाएगा। धीरजवार कभी भी आ सकता है। इसके लिए आवश्यकता है, धीरज के हथौड़े से चोट मारते रहने की। सौवीं चोट पर यदि परिणाम प्राप्त हो तो भी पहली चोट का उतना ही महत्त्व है, जितना कि आखिरी। हो सकता है किसी परिस्थिति में आपके धीरज का बाँध टूटने लग जाए, उस समय उपरोक्त सीख याद करें और सौवें हथौड़े के पहले के वारों की महत्ता को न

भूलें। धीरज के साथ-साथ समझ होनी जरूरी है। बिना समझ के धीरज का होना, बिना धार की तलवार समान है।

जैसे भूरालाल से पूछा गया कि 'आज डॉक्टर के पास गए थे क्या?' तो उसने जवाब दिया, 'नहीं, आज नहीं जा पाया, क्योंकि मेरी तबीयत खराब थी।'

अरे! तबीयत खराब थी इसीलिए तो डॉक्टर के पास जाना था। ऐसी ही जगह पर समझ की जरूरत पड़ती है इसीलिए समझ आवश्यक है। अत: जब भी खोज करें तो समझ के साथ करें कि 'जिस विचार से मुझे दु:ख हो रहा है, उसे मैं नए ढंग से कैसे देख सकता हूँ।' मान लें आपको लगता है कि 'सामनेवाला आप से प्यार नहीं करता।' ऐसे में जब आप खोज करेंगे, खुद से सवाल पूछेंगे तो जो जवाब आएँगे, वह समझ के आधार पर आएँगे। खोज में पहला सवाल आएगा 'क्या मैं खुद को प्यार करता हूँ?' तद्पश्चात अगला सवाल आएगा, 'क्या मैं दूसरों को बेशर्त (अनकंडिशनल) प्रेम दे पाता हूँ?' यदि जवाब आए कि 'नहीं' तो स्वयं से कहें कि 'मैं खुद स्वयं से एवं औरों से बेशर्त प्रेम नहीं कर पाता तो मैं दूसरों से कैसे उम्मीद कर सकता हूँ?' यह जान लेना ही समझ के साथ खोज करना है। इससे आपकी सारी शिकायतें खत्म हो जाएँगी और आप समझ जाएँगे कि 'जब मैं खुद दूसरों को बेशर्त प्रेम नहीं करता तो दूसरे की क्या शिकायत करूँ?'

इनसान के मन में शिकायत तब उठती है, जब उसे लगता है कि वह तो दूसरों के लिए बहुत कुछ कर रहा है, लेकिन दूसरे उसे योग्य प्रतिसाद नहीं दे रहे हैं। खोज करने के बाद उसे अपना चेहरा दिखाई देता है और उसकी सोच में आरंभ से अंत तक परिवर्तन आता है। जो शिकायत दूसरों के प्रति उठ रही होती है, उस पर जब खोज होती है तो पता चलता है कि 'ये खामियाँ तो मेरे ही अंदर हैं, जिसकी खबर सामनेवाले ने दी।' सोचें, ऐसी समझ पाकर आपका जीवन कितना अद्भुत और आनंदमयी हो सकता है। एक पल पहले जिसके लिए आप शिकायत कर रहे थे, दूसरे ही पल उसके लिए धन्यवाद के भाव उठेंगे। इसे ही यूरेका इफेक्ट या शिफ्टिंग कहा गया

है। इसकी वजह से आपके जीवन में केवल बदलाव ही नहीं बल्कि रूपांतरण आ सकता है। मगर जब तक सही समझ के साथ खोज नहीं होती तब तक लोग औरों के बारे में शिकायत कर-करके अपना दुःख बढ़ाते ही रहते हैं। बिल्कुल उस इनसान की तरह, जो किसी सुपरहिट फिल्म की टिकट ब्लैक में अतिरिक्त पैसे देकर खरीदता है। जिसकी कहानी हकीकत में उसी के जीवन से मिलती-जुलती है।

> भूरालाल ने जब कपड़े की नई-नई दुकान खोली तो रात को सोते वक्त उसने सपना देखा कि वह एक ग्राहक को थान-का-थान निकालकर दे रहा है। तब बीवी ने उसे जगाया और पूछा कि 'अरे यह चद्दर क्यों फाड़ रहे हो?' तो उसने नींद में ही कहा कि 'उफ! ये कमबख्त बीवी दुकान में भी पीछा नहीं छोड़ती।' अर्थात् उसने यह गौर ही नहीं किया कि वह सो रहा है और घर की चद्दर फाड़ रहा है।

उपरोक्त घटना में रात में सपना देख रहे भूरालाल की मान्यकथा है कि वह दुकान पर बैठकर बिजनेस कर रहा है, ग्राहक के कहे अनुसार, थान में से कपड़ा फाड़ रहा है। जहाँ उसे लग रहा है कि उसकी बीवी दुकान में भी उसका पीछा नहीं छोड़ रही और उसे टोक रही है। जबकि उस समय यह समझ होना जरूरी है कि बीवी उसे टोक नहीं रही बल्कि फीडबैक दे रही है कि 'तुम सोए हुए हो, उठो, जागो और सच देखो।' लेकिन लोगों को अपनी मान्यकथा के कारण फीडबैक भी टोका-टाकी लगता है, खटकता है।

> एक दिन भूरालाल बहुत दुःखी और उदास था, क्योंकि उसने अपने एक दोस्त को प्लास्टिक सर्जरी कराने के लिए 4 लाख रुपए दिए थे और वह दुःखी इसलिए था, क्योंकि प्लास्टिक सर्जरी कराने के बाद अब वह अपने दोस्त को पहचान नहीं पा रहा था और दुविधा में था कि पैसे किसे दिए थे।

उपरोक्त किस्से आपको खोज की गहराई समझने के उद्देश्य से दिए गए हैं। इनसान को उसकी मान्यकथा से बाहर लाने हेतु कोई-न-कोई निमित्त

बनता है, उसे याद दिलाता है, उसके लिए आईने का काम करता है। मगर समझ के अभाव में इनसान के मन में उसी के प्रति शिकायत पैदा होती है। इसीलिए समझ का महत्त्व है, समझ अपने आप में पूर्ण है, जिसके जरिए रिश्तों में पलनेवाली नफरत, द्वेष, घृणा या क्रोध की कड़वाहट खत्म हो सकती है।

इस भाग में दिए गए भूरालाल के किस्से आपको हँसाने के लिए नहीं बल्कि अपनी मान्यकथा से जगाने और खोज करने के लिए हैं। जिस पर मनन कर आप भूरालाल से यानी भूरे और लाल रंग की टोपी से मुक्त हो जाएँगे। फिर बारी आएगी हरी, नीली या सफेद टोपी की (देखें पृष्ठ संख्या 59)। जो प्रतीक है स्वर्ग की, सकारात्मकता की। इस तरह खोज की शक्ति से धीरजवार आपके लिए बन जाएगा स्वर्ग, यानी स्व के अर्क का द्वार।

❐

भाग 11

संयम बढ़ाने के तरीके

शरीर-मन-संतुलन

अधैर्य : कितना भ्रष्टाचार है फैला
धीरजवार : विचारों से भ्रष्टाचार मिटाकर ईमानदारी को तू ला

अपनी-अपनी मान्यकथाओं से मुक्त होकर संतुलित जीवन साधना के लिए हर इनसान को स्वयं जिम्मेदारी लेनी होगी और सक्षम बनकर, धीरज के साथ निरंतरता से कार्य करना होगा। इसके लिए आवश्यकता है, शरीर और मन दोनों में संतुलन साधने की, क्योंकि मन के साथ धीरज तथा शरीर के साथ निरंतरता जुड़ी हुई है। कुछ लोग मन के साथ कार्य करते हुए धैर्य रख पाते हैं, मगर शरीर के साथ संयम रखना उन्हें कठिन सा प्रतीत होता है। जैसे इस कहानी के किरदार के साथ होता है।

एक सेठ था। वह बहुत मोटा था और प्राय: बीमार रहता था। इसका कारण यह था कि वह खाने-पीने में संयम नहीं रख पाता था। वह सुबह से शाम तक भाँति-भाँति के पकवान खाता रहता था और हाथ-पैर कम हिलाता था।

एक बार सेठ को खाँसी हो गई। उसने वैद्य के पास जाकर

दवा माँगी। वैद्य ने सेठ को दवा देते हुए कहा कि वह कुछ समय तक खट्टी चीजें खाना छोड़ दे।

एक सप्ताह बाद सेठ दोबारा वैद्य के पास गया और बोला कि खाँसी में तो कोई सुधार नहीं हुआ वह तो अब भी पहले जैसी ही है। यह सुनकर वैद्य हैरान रह गया और बोला, 'ऐसा कैसे हो सकता है? उस दवा से तुम्हारी खाँसी अब तक ठीक हो जानी चाहिए थी, फिर हुई क्यों नहीं? कहीं तुमने खट्टी या ठंडी चीजें तो नहीं खाई थीं?' सेठ ने स्वीकार किया कि वह दही, अचार आदि का बड़ा शौकीन था और इनके बिना वह खाना नहीं खा पाता था।

यह सुनकर वैद्य नाराज हुआ और उसने दोबारा उसे दवा दी। जब सेठ चलने लगा तो वैद्य बोला, 'अब तुम्हें जो खाना हो, वह खा लो, उससे तीन लाभ होंगे।' सेठ ने पूछा, 'वह क्या?' वैद्य बोला, 'पहला लाभ तो यह कि तुम्हारे घर चोरी नहीं होगी। दूसरा लाभ यह होगा कि तुम्हें कोई कुत्ता नहीं काटेगा। तीसरा लाभ यह होगा कि तुम्हें बुढ़ापा नहीं आएगा।' सेठ ने कहा, 'यह तो बहुत अच्छे लाभ हैं, लेकिन क्या इन दवाओं को खाने से इतना ज्यादा लाभ हो सकता है।'

वैद्य बोला, 'नहीं, यह दवाओं के नहीं बल्कि खाँसी में खट्टी चीजें ज्यादा खाने के लाभ हैं, जो मैंने तुम्हें गिनाए हैं।' सेठ ने पूछा, 'वह कैसे?' वैद्य बोला, 'देखो, अगर तुम खट्टी चीजें खाते रहोगे तो तुम्हारी खाँसी कभी दूर नहीं होगी और तुम हमेशा खाँसते रहोगे। तुम्हारी खाँसी की आवाज सुनकर चोर समझेगा कि तुम जाग रहे हो, इसलिए वह घर में घुसकर चोरी नहीं करेगा। दूसरा लाभ कुत्ते के न काटने का है। जब खाँसी के कारण तुम कमजोर हो जाओगे तो तुम्हें चलने-फिरने के लिए छड़ी की जरूरत होगी। छड़ी अगर हाथ में रहेगी तो कुत्ते

तुम्हारे आस-पास नहीं आएँगे, इसलिए उनके काटने का कोई खतरा नहीं रहेगा और तीसरी बात, बीमारी और कमजोरी के कारण तुम अधेड़ावस्था में ही मर जाओगे इसलिए तुम्हें बुढ़ापे के कष्ट नहीं झेलने पड़ेंगे।'

वैद्य की व्याख्या सुनकर सेठ ने खान-पान में संयम बरतना शुरू कर दिया और कुछ ही समय बाद उसकी खाँसी ठीक हो गई।

हमें भी अपने खान-पान के साथ-साथ, हर घटना में संयम बरतना चाहिए। सवाल यह नहीं है कि कोई चीज हमें कितनी पसंद है। अहम सवाल तो यह है कि वह हमारे लिए लाभदायक है या हानिकारक।

यदि आज आप कुछ बातों के लिए दूसरों पर निर्भर हैं तो धीरज के साथ वह गुण अपने अंदर लाना शुरू करें, ताकि आप आत्मनिर्भर बन पाएँ। उदाहरण के लिए अंग्रेजी न बोल पाना, कंप्यूटर न आना, वाहन न चला पाना, कहीं पर भी अकेले न जा पाना आदि। निरंतर प्रयास करते रहने से एक समय ऐसा आएगा, जब आप आत्मनिर्भर (स्वावलंबी) बन जाएँगे।

संतुलित जीवन संगीत सीखने के लिए महत्त्वपूर्ण गुणों में महान् गुण है सब्र। सब्र बढ़ाने के लिए मंदिर जाएँ। मंदिर यानी 'मनधीर'। मन का 'धीर' शब्द धीरज से आया है। इनसान मंदिर जाता है तो वह अपना मन अंदर लगाता है। वैसे देखा जाए तो इनसान कब सब्र नहीं कर पाता है? जब वह बाहरी दृश्य की माया में उलझकर अपना संतुलन खो बैठता है। जब उसके विचारों में कंपन शुरू होता है, शरीर बेकाबू हो जाता है और मन बेलगाम घोड़े की भाँति भटकता है। ऐसे में इनसान के शरीर और मन को अकंप, निर्मल, प्रेमन बनाने हेतु हृदय, जिसे तेजस्थान कहें या मंदिर, पर ले जाना आवश्यक होता है, ताकि वहाँ पर फिर से उसे शक्ति मिले और वह अपने सारे कार्य सब्र से कर पाए।

यदि आप सब्र नहीं रख पा रहे हैं तो इसकी छानबीन करें कि ऐसा क्यों है? विषय की पूरी जानकारी नहीं है इस वजह से या अधीरता की आदत पड़

चुकी है, इस वजह से? यदि आपको हड़बड़ाहट की आदत पड़ चुकी है तो स्वयं को धीरज रखने का प्रशिक्षण दें। जैसे कोई इनसान हर दिन निरंतरता से अपने शरीर पर अनुशासन लाने के लिए ताड़ासन (योगासन) करता है, शरीर को शवासन में सुलाता है, उसे शिथिल करता है, जिसकी वजह से शरीर को आदत पड़ती है कि वह अकंप रहे। इससे वह हर घटना में अपने शरीर को स्थिर रख पाता है। शरीर को स्थिर रखते ही उसका मन भी स्थिर होने लगता है। मन को स्थिर रखा तो शरीर से उठनेवाले विचार भी स्थिर होने लगते हैं। इस तरह आपको भी शरीर और मन दोनों पर काम कर, दोनों में सही संतुलन साधने की कला सीखनी होगी। शरीर को स्थिर करने की जो भी तकनीकें उपलब्ध हैं, उनमें आसन, प्राणायाम तो आते ही हैं। साथ ही कुछ ऐसे प्रयोग भी किए जाएँ, जिससे शरीर अकंप बने।

उदाहरण—एक इनसान कुछ समय के लिए एक हाथ में ईंट पकड़कर खड़ा रहता है। वह देखना चाहता है कि 'मैं कितनी देर ईंट को बिना कंपन पकड़कर रख सकता हूँ।' इस तरह के प्रयोग से शरीर को अनुशासन मिलता है। ऐसे अन्य कई छोटे-छोटे प्रयोग किए जा सकते हैं, जो शरीर को अनुशासित करने में बड़ी मदद करते हैं। जैसे किसी वस्तु को थोड़ी देर तक बिना पलक झपकाए देखना या अपने हाथ की अंगुलियों को बहुत धीरे-धीरे खोलना। ऐसे प्रयोग करते हुए आपको कितनी भी बोरियत महसूस हो, फिर भी इन्हें करते रहें। इसी से शरीर पर अनुशासन आएगा, जिससे मन भी अकंप होने में सहायता पाएगा।

इस तरह यदि शरीर को स्थिरता प्राप्त हुई तो किसी अनचाही घटना में मन भी अपने आप स्थिर होने लगेगा। शरीर और मन के बीच साँस की रुपहली डोर होती है। यदि आपने साँस को स्थिर किया, लंबी साँस लेकर धीरे-धीरे छोड़ा तो आप यह घोषणा कर रहे हैं कि 'अब मैं संयम में हूँ।' कई बार आपने यह महसूस किया होगा कि किसी नकारात्मक घटना के होने पर साँस की गति बदलकर, उसकी सहजता खो जाती है। इसका अर्थ है कि हर घटना में साँस के जरिए आपको यह खबर मिलती है कि शरीर और मन

के बीच का संतुलन कैसा है। यदि आपने संतुलित जीवन संगीत का अभ्यास किया होगा तो यकीनन घटना में भी आपके साँस की गति संतुलित ही होगी। परिणामत: आप घटना का आनंद लेंगे, न कि उसमें उलझकर अपना आनंद और शांति खोएँगे। अत: अब शरीर और मन पर संतुलन साधने का कार्य करें। सामनेवाले ने यदि आप से ऐसा कुछ कह दिया, जो आपको पसंद नहीं आया तो आप उस इनसान से कुछ भी कहने से पहले अपनी साँस पर ध्यान दें, उसे नियंत्रित करें और धीरे-धीरे छोड़ें। उसके बाद आप देखेंगे कि अब आप सब्र से, धीरज से जवाब दे पाएँगे। वरना संतुलन बिगड़ गया तो आप अपना धीरज खो बैठते हैं और सामनेवाले को नकारात्मक प्रतिसाद देते हैं। उस समय आपकी साँस शांत और नियंत्रित नहीं बल्कि तेजी से चलने लगती है। साँस से संबंधित उदाहरण इसलिए बताए जा रहे हैं, ताकि साँस पर नियंत्रण कर, आप सब्र बढ़ा सकें और आनेवाली मुसीबत को रोक सकें।

नीचे एक प्रयोग बताया गया है, जिस पर निरंतरता से काम करने से आपका शरीर अनुशासित होगा।

1. ध्यान के आसन में, अपनी चुनिंदा मुद्रा में, कुरसी या जमीन पर पालथी मारकर बैठें।
2. एक-दो बार लंबी साँस लेकर उसे धीरे-धीरे छोड़ें और अपने आपको तनावरहित करें।
3. अब अपनी साँस को देखें। साँस छोटी हो या गहरी हो, सहज या स्वाभाविक जैसी भी हो, उसे वैसे ही चलने दें। साँस को यदि नियंत्रित किया जाए तो वह ध्यान नहीं, प्राणायाम कहलाता है। अत: यहाँ पर आपको प्राणायाम नहीं करना है, बस साक्षी भाव से साँस की गति को जानना है।
4. साँस अंदर जा रही है या बाहर आ रही है, यह जानते रहें। अब अंदर गई, अब बाहर आई, दाहिनी नासिका से, बाईं नासिका से, या दोनों से इत्यादि। साँस की हर दिशा और हर अवस्था (ठंडी या गरम साँस) को जानते रहें।

5. मन को अंदर और बाहर आने-जानेवाली हर साँस पर एकाग्रित करें। जो साँस अंदर जा रही है, उसे जानें और जो साँस बाहर आ रही है, उसे पहचानें। यह अंदर गई, यह बाहर आई, अंदर गई, बाहर आई। स्वाभाविक सहज साँस को सिर्फ जानते रहें।
6. कभी लंबी साँस भी चलेगी, कभी छोटी साँस भी चलेगी। शरीर को स्थिर रखते हुए आने-जानेवाली हर साँस को जानते रहें।
7. 10 से 20 मिनट जैसी सुविधा हो, यह ध्यान करते रहें। कुछ समय उपरांत जब आप इस ध्यान में प्रवीण हो जाएँ तब साँस का गहरा ध्यान* करें।

शरीर और मन की स्थिरता बढ़ाने हेतु उपरोक्त प्रयोग के अलावा अन्य प्रयोग भी जरूर करके देखें। जैसे किसी दिन ऐसी अवस्था आ जाए, जहाँ भाग-दौड़ मचती है। वहाँ आप जानबूझकर अपने काम की गति कम करें और शरीर पर संतुलन बनाए रखें। कुछ जगहों पर अपनी वाणी को नम्र करें और मंद स्वर में बात करें। इन प्रयोगों को शरीर के स्तर पर करने के साथ-साथ मन के स्तर पर भी जाँचें कि मन को ऐसी कौन सी जानकारी या समझ नहीं है, जिस वजह से वह सब्र खो रहा है, वरना सब्र खोने की कोई आवश्यकता नहीं है। अपने आप से सवाल पूछें, मनन करें कि उन घटनाओं में ऐसा क्या है, जो आपको मालूम नहीं है।

जैसे, आप ऑफिस में बैठे हैं और आपके घर से फोन आए कि आज घर पर मेहमान आ रहे हैं। यह सुनते ही आपके अंदर बेचैनी शुरू हो जाती है कि 'अरे! अभी तक तो यह काम नहीं हुआ, वह काम नहीं हुआ।' इससे आपका सब्र टूट रहा होता है। ऐसे में मानसिक स्तर पर संतुलन साधने के लिए पहले तो जानकारी इकट्ठी करें कि 'मेहमान कितने बजे पहुँच रहे हैं? मेहमानों के साथ और कितने लोग हैं?' इत्यादि। सभी प्रकार की जानकारी इकट्ठी करने के बाद आपको पता चलेगा कि 'इतने-इतने लोग आ रहे हैं।

*ध्यान साधना को गहराई से जानने लिए पढ़ें तेजज्ञान फाउंडेशन द्वारा प्रकाशित पुस्तक 'संपूर्ण ध्यान-222 सवाल' और 'ध्यान नियम-ध्यान योग नाइंटी'।

पहले वे फलाँ जगह जाएँगे, फिर फलाँ मंदिर जाएँगे, वहाँ दर्शन करके, फिर आपके घर आएँगे और घर आते-आते उन्हें रात के 10 बज जाएँगे।' इस तरह पूरी जानकारी मिलने के बाद आप अपने सभी काम आसानी से सब्र के साथ कर पाएँगे।

पूरी जानकारी इकट्ठी करने के बाद आपको पता चलता है कि आप जो इतनी देर से परेशान हो रहे थे कि 'क्या होगा, कैसे होगा?' असल में उसकी जरूरत ही नहीं थी। सिर्फ जानकारी मिलते ही पता चलता है कि अधीर होने की कोई आवश्यकता नहीं थी। आगे की जानकारी से आपको यह भी पता चलता है कि 'वैसे तो चार मेहमान आए हैं, मगर आपके घर पर सिर्फ एक ही मेहमान आएगा, बाकी लोगों की व्यवस्था कहीं और की गई है। वह एक मेहमान भी रात का खाना खाकर आनेवाला है, साथ ही साथ उसने आपको अपना खाना भी बनाने से मना किया है, क्योंकि वह आपके लिए भी खाना लानेवाला है। इतना ही नहीं, आपके बच्चों के लिए वह खिलौने भी ला रहा है।' इस तरह आपने देखा कि पर्याप्त जानकारी मिलने के बाद पता चला कि आपके रोजमर्रा के जो काम थे, वह भी कम हो गए।

तात्पर्य : जिस भी घटना में आप अपना सब्र खो रहे हैं तो वहाँ रुककर देखें कि वाकई सब्र खोने की जरूरत है या कहीं अधूरी जानकारी तो नहीं है? अगर ऐसा है तो अपने आप से कहें, 'पहले पूछ लेते हैं कि निश्चित क्या है? कौन आ रहा है? कितने बजे आ रहा है? कब तक रहेगा?' इत्यादि। पूछने पर पता चलता है कि अशांत होने की आवश्यकता ही नहीं थी।

अगर मेहमान आने पर आपको काम करना भी पड़े तो सब्र खोने की आवश्यकता नहीं है। उस समय भी आप संतुलित अवस्था में रहकर काम कर सकते हैं, क्योंकि तब भी आपको उतना ही कार्य करना है, जितना आप कर सकते हैं, उससे ज्यादा कुछ करना नहीं है। सिर्फ मन एक विचार पकड़ लेता है, जिससे हड़बड़ाहट होने लगती है। यदि कार्य करते हुए आपने सोचा कि 'चलो, आज व्यायाम दिवस है' तो आपने उसी घटना को सीढ़ी बनाया, यह सोचकर कि 'आज जल्दी और जोरदार काम करना है। अच्छा है बीच-बीच

में ऐसे दिन भी आने चाहिए, जिससे शरीर और मन के बीच संतुलन साधना आसानी से हो पाए। किसी दिन जान-बूझकर धीरे-धीरे काम करने चाहिए, किसी दिन जान-बूझकर जल्दी-जल्दी काम करने चाहिए। यह सब अपने शरीर पर अनुशासन लाने के लिए है, ताकि हर हालत में आप तैयार रहें। जब शांत बैठना है तो शांत भी बैठ पाएँ, जब जल्दी-जल्दी काम करना है तो जल्दी-जल्दी काम भी कर पाएँ, असली प्रशिक्षण तो यही है।

तमोगुण (सुस्ती) और रजोगुण (चुस्ती) दोनों में संतुलन साधते हुए आपको सत्वगुणी बनना है। यदि आप शरीर, मन और साँस को सत्वगुणी बना पाएँगे तो सब्र करना बहुत आसान हो जाएगा। हो सकता है कि आपका सब्र देखकर, अन्य लोगों का सब्र टूटे।

जिन लोगों का सब्र जल्दी टूटता है, उन लोगों को कुछ और प्रयोग दिए जाते हैं। जैसे फोन की घंटी बजने पर तुरंत फोन न उठाते हुए, सब्र रखकर पाँच घंटियाँ बजने के बाद फोन उठाएँ।' ऐसे में सामान्य बुद्धि (कॉमन सेन्स) का जरूर इस्तेमाल करें। कभी जल्दी फोन उठाना आवश्यक हो तो वहाँ सब्र बढ़ानेवाला प्रयोग न करें।

बारिश देखकर यदि आपका सब्र खोता है तो अपने आप से कहें कि 'लेट इट रेन' यानी 'बारिश होती है तो होने दो।' सब्र बढ़ाने के लिए यह भी करें कि जब मन कहे—'यह काम जल्दी करो' तो जान-बूझकर उस काम को धीमे करें तब आप देखेंगे कि मन बड़बड़ करना बंद कर देगा।

जैसे आप नहाने के समय पर बहुत जल्दबाजी करते हैं तो उस वक्त आप धीरे-धीरे नहाएँ। हर बार ऐसा करते रहे तो मन को सिग्नल मिलेगा, उसे समझ में आएगा कि 'जहाँ मैं जल्दबाजी करता हूँ, वहाँ और देर होती है' इसलिए वह अपनी बड़बड़ करना बंद कर देगा। इस तरह धीरे-धीरे मन को भी संकेत मिल जाएगा कि किसी भी कार्य में हड़बड़ाहट नहीं करनी है, वरना कार्य और धीरे होंगे।

इस तरह दैनंदिन कार्य में हर दिन आपको सब्र बढ़ाने के कई मौके मिलते हैं। सारे रिश्ते-नाते, परिवार, नौकरी आदि जगह सब्र बढ़ाने के लिए मौके हैं।

यह भी याद रखें कि सब्र का फल मीठा होता है। ऐसा इसलिए कहा गया, क्योंकि समय के साथ बहुत सारी चीजें खुद-ब-खुद सुलझ जाती हैं। बाद में आपको पता चलता है कि काम करने के लिए जो हड़बड़ाहट की गई, उसकी आवश्यकता नहीं थी। बिना वजह आपने अपनी शक्ति व्यर्थ गँवाई।

अत: धीरज बढ़ाने के लिए इस भाग में जो भी प्रयोग बताए गए हैं, उनका इस्तेमाल जरूर करें, मगर सामान्य ज्ञान रखते हुए। आपके सब्र से किसी और को तकलीफ न हो, इस बात का खयाल रखा जाए। वरना ऐसा न हो कि आपका सब्र किसी और के दु:ख का कारण बने। इसलिए सब्र के साथ समझ का होना जरूरी बताया गया है। तब मन के साथ धीरज और शरीर के साथ निरंतरता का अभ्यास सफल होगा। जिनके योग्य संतुलन से आपका हर कार्य आपको संतुलित जीवन संगीत का आनंद देगा।

❐

मन तू धैर्य रख, सबकुछ धीरे-धीरे ही होता है। माली पौधों में चाहे कितना ही पानी डाल ले, फल तो मौसम में ही आएँगे।

—कबीर

जो इंतजार करता है, उसके पास हर चीज आती है।

—अज्ञात

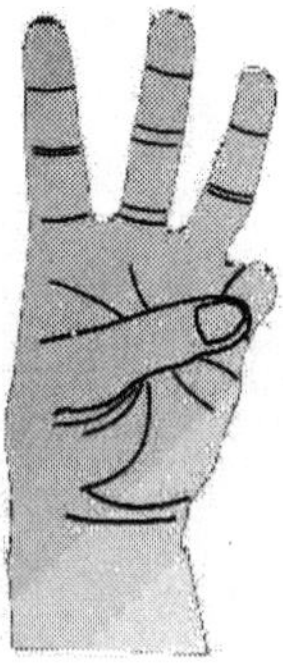

खंड 3

महाअनुवाद का जादू

एम.ए.

भाग 12

संतुलन रहस्य

ग्रेट वॉल ऑफ चाइना

अधैर्य : कितनी बढ़ी है महँगाई
धीरजवार : अपनी कीमत जानने की घड़ी है आई

संतुलित जीवन संगीत की दुनिया में प्रवेश पाने के लिए चाहिए जाग्रति और होश। साल के 12 महीने, यानी 365 कदम बेहोशी में न बिता दें, इसके लिए इस पुस्तक द्वारा आपको कुछ संकेत दिए जा रहे हैं। लोगों को देखकर, फैशन के बदलते रंग देखकर आपको अपना संतुलन नहीं खोना है। वरना चारों तरफ दिखाई देनेवाले दृश्य कभी-कभी इतने हावी हो जाते हैं कि आप भी अनजाने में उन्हीं का अनुकरण करने लगते हैं। जिस तरह लोग त्योहार मनाते हैं, उनकी देखा-देखी आप भी उसी तरह त्यौहार मनाते हैं। ऐसे में नई सोच कैसे विकसित होगी? इस पुस्तक द्वारा आप यह जान रहे हैं कि आनेवाले हर नए दिन को कैसे जीना है, किन बातों को ध्यान में रखना है, किन गलत वृत्तियों को जीवन से निकाल बाहर करना है। आपको अपने आप में यह समझ प्रगाढ़ करनी होगी कि 'कभी भी लोगों को देखकर मेरा निर्णय न बदले बल्कि मुझे देखकर लोगों को संतुलित जीवन का दर्शन हो।' आइए, इस आशय को एक उदाहरण द्वारा समझते हैं।

कॉलेज का एक विद्यार्थी बाजार से नई जींस खरीदकर घर आता है और उसे धोकर, ब्रश से घिस-घिसकर, रगड़कर पुराना बनाता है। बेटे की यह हरकत देख, पिताजी उससे पूछते हैं, 'बेटे, यह तुम क्या कर रहे हो? नई जींस को पुरानी क्यों बना रहे हो? इसे ब्रश से इतना क्यों घिस रहे हो?' जवाब में बेटा कहता है, 'पिताजी, यह तो आज का फैशन है। आज-कल तो घिसी हुई, घुटनों पर फटी हुई जींस पहनने का जमाना है। चाहे तो आप कॉलेज में आकर देख लें, कोई भी नई जींस नहीं पहनता। सब लड़के नई जींस को पुराना बनाकर ही पहनते हैं।'

तात्पर्य : इनसान अपने जीवन के साथ यही कर रहा है। नया ज्ञान, नई समझ जीवन में प्रवेश करना चाहती है, लेकिन वह उसे तोड़-मरोड़कर पुराना बनाकर स्वीकार करता है। कोई नई जींस पुरानी बनाकर पहन भी ले तो इसमें कोई नुकसान नहीं है। फैशन की हवा जैसे चलती है, बच्चे वैसा ही करना चाहते हैं। लेकिन जीवन के साथ भी यही किया जा रहा हो तो वहाँ रुकना आवश्यक है। इसलिए अपने आप से पूछें कि 'आज हम जो कार्य कर रहे हैं, इससे क्या परिणाम आनेवाला है? क्या यह कार्य हम लोगों की देखा-देखी कर रहे हैं? यदि इससे हमारे जीवन में कोई सकारात्मक परिवर्तन नहीं आनेवाला तो हम यह कार्य क्यों कर रहे हैं? हमारी गलत आदतों की वजह से कहीं हम नई सोच का रास्ता बंद तो नहीं कर रहे? ऐसे में जीवन संतुलन का कार्य हम कैसे कर पाएँगे?'

नए फैशन के दौर में यदि कुछ घिसना ही है तो अपनी गलत आदतें व वृत्तियों को घिस-घिसकर पुराना करें, खत्म करें।

जीवन में आनेवाले कष्टों के लिए यह समझ रखें कि यह आपकी धुलाई कर रहे हैं। ईश्वर जिनसे प्रेम करता है, उन्हें रगड़-रगड़कर साफ करता है। जीजस ने अपनी सिखावनियों में कहा है कि 'जिन लोगों को अपने जीवन में कुछ तकलीफों का सामना करना पड़ रहा है तो इसका अर्थ है ईश्वर उन बरतनों को यानी उन लोगों को रगड़-रगड़कर साफ कर रहा है, ताकि वह

नए बनकर चमकें।' अर्थात इनसान को नई सोच के साथ नया बनना है। स्वयं को रगड़ना है यानी खुद को ट्रेनिंग देना, प्रशिक्षण देना आवश्यक है, न कि नए विचार, नई सोच, नई शब्दावली, नए प्रशिक्षण को घिसकर पुराने साँचे में ढालने की कोशिश करनी है। यह वास्तविकता हरेक को पता होनी आवश्यक है, वरना अज्ञान में इनसान से ऐसी मूर्खता हो जाती है, जैसे एक बहू से हुई।

> बहू ने सास की नई साड़ी इस्त्री करते वक्त, गलती से जला दी। फिर घबराते हुए यह बात उसने अपनी सास को बताई कि 'आपकी नई साड़ी इस्त्री करते वक्त मुझसे, जल गई।' तब सास ने शांत स्वर में बहू से कहा, 'कोई बात नहीं बेटी, ठीक ऐसी ही एक और नई साड़ी मेरे पास है।' इस पर बहू ने खुश होते हुए सास से कहा, 'यह तो मैं भी जानती हूँ माँ, इसलिए मैंने उस नई साड़ी का एक टुकड़ा काटकर इस साड़ी पर लगा दिया है।'

उपरोक्त उदाहरण से आपने समझा कि बहू को लगा उसने बहुत सही काम किया, मगर आपको तो बिल्कुल साफ-साफ समझ में आ गया कि बहू को ऐसा नहीं करना चाहिए था। यही बात लोग अपने जीवन के साथ करते हैं। वह नई बातों को, समझ को, ज्ञान को तोड़कर, काटकर, जोड़कर पुराने को चमकाने की कोशिश करते हैं। अब तक लोग पुरानी मान्यता, पुराने ज्ञान को ही रफू करने में लगे हुए हैं, जबकि समझ यह कहती है कि पुराने को रफू न करें, पुराने के लिए नए का त्याग न करें, नए का बलिदान न करें। नई पीढ़ी को सही तरीके से मार्गदर्शन मिलना जरूरी है। जींस के लिए तो बच्चों को कुछ नहीं कहा जा सकता, लेकिन उन्हें यह बात जरूर बताई जा सकती है कि आपको जो जीवन मिला है, वह कौन सी संभावनाएँ लेकर आया है, इसे कैसे जीना चाहिए? छोटे बच्चे आपको जो भी करते हुए देखेंगे, वह खुद भी वही करना चाहेंगे, इसलिए हर माता-पिता का यह उद्देश्य होना चाहिए कि वे बच्चों के लिए सही ढंग से निमित्त बनें। सही परवरिश करते हुए बच्चों को संतुलित जीवन संगीत का ज्ञान दें।

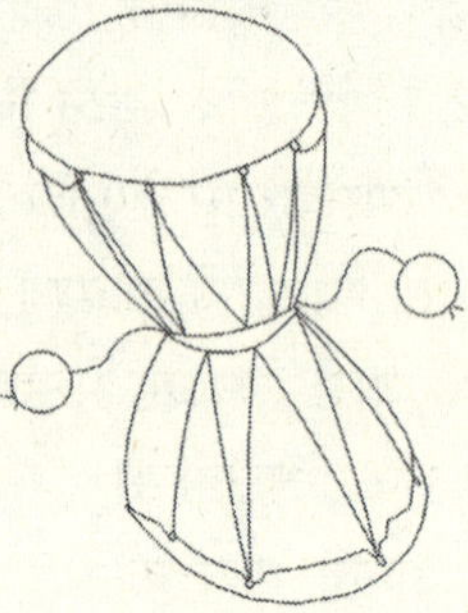

ग्रेट वॉल ऑफ चाइना

क्या आप जानते हैं कि दुनिया का आठवाँ अजूबा क्या है ? जवाब है ग्रेट वॉल ऑफ चाइना। आइए, ग्रेट वॉल ऑफ चाइना के रूपक से संतुलित जीवन के बारे में समझते हैं।

अब अगला सवाल आता है कि यह ग्रेट वॉल ऑफ चाइना कहाँ है ? जवाब है अंग्रेजी के अंक 8 के केंद्रीय बिंदु पर। अंग्रेजी का अंक 8 शिव डमरू की आकृति से मेल खाता है। आध्यात्मिक दृष्टि से देखें तो ऐसे भी कहा जा सकता है कि डमरू के बीच का हिस्सा ग्रेट वॉल है। इसी बीच की जगह पर यानी ग्रेट वॉल पर रहते हुए ही आपको व्यवहार कुशलता का ज्ञान सीखकर, संतुलित जीवन को साधना है।

आइए, इसे विस्तार से समझते हैं। डमरू की आकृति चाइना का प्रतीक है और बीच का हिस्सा ग्रेट वॉल का। आप जानते हैं कि डमरू की आकृति में एक गोलाकार हिस्सा ऊपर होता है और दूसरा गोलाकार हिस्सा नीचे होता है। एक गोलाकार हिस्सा है चैतन्य, तो दूसरा गोलाकार हिस्सा है आईना (संसार)। चैतन्य+आईना मिलकर बनते हैं चाइना। और इन दोनों गोलाकार हिस्सों का जोड़ बिंदु है ग्रेट वॉल। जहाँ से दोनों गोल में जाना सहज-सुलभ होता है। अब आपके जीवन में भी एक गोल है संसार, जिसमें रिश्ते, परिवार, नौकरी, मित्र आदि आते हैं और दूसरा गोल है चैतन्य और अनुभव का। इन दोनों गोलों में संतुलन साधकर ही संतुलित जीवन संगीत बजाया जा सकता है। कोई भी एक गोल दूसरे से बड़ा या छोटा हो जाए तो संतुलन बिगड़ सकता है, संतुष्टि खत्म हो सकती है। यह संतुलन बनाने के लिए वॉल को अर्थात् केंद्र बिंदू को मजबूत करना जरूरी है। केंद्र पर रहकर ध्यान करना जरूरी है। ताकि एक गोल से दूसरे गोल में आसानी से आया-जाया जा सके। सिर्फ सांसारिक बातों में उलझे रहेंगे तो आईने का गोल बड़ा हो जाएगा और आप जो हैं, उस चैतन्य का गोल छोटा हो जाएगा। यदि अपने आपको जान भी

गए, लेकिन उसे अभिव्यक्त नहीं किया तो चैतन्य का गोल बड़ा हो जाएगा और संसार का छोटा। इससे भी संतुलन बिगड़ जाएगा, क्योंकि आप निर्मिति के आनंद से वंचित रह जाएँगे। इसीलिए ग्रेट वॉल ऑफ चाइना का मजबूत होना जरूरी है, जो न केवल अस्तित्व और संसार को आपस में जोड़ती है, बल्कि उनका संतुलन साधकर संतुलित जीवन संगीत (डमरू) बजवाती है।

❐

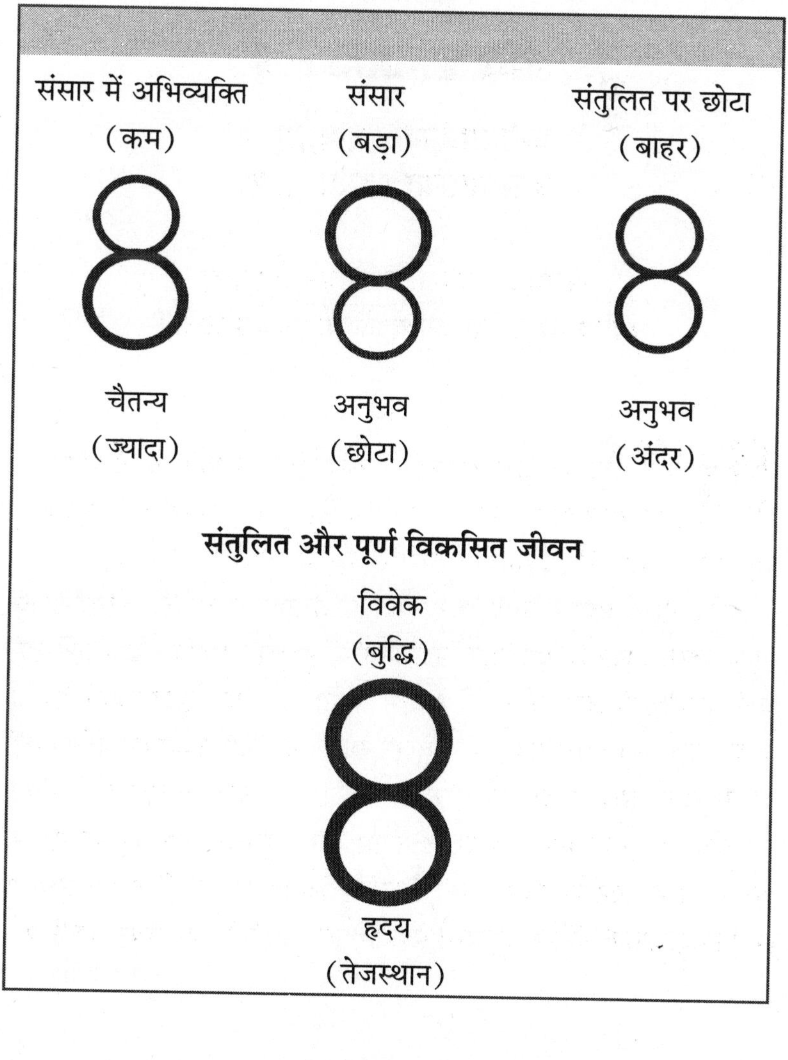

भाग 13

एम.ए. आठ - 1

महाआसन : एम.ए. 1
महाआँख : एम.ए. 2

अधैर्य : इनसान कितना बदल गया है

धीरजवार : 'यह भी बदल जाएगा' यह ज्ञान है

पिछले दो खंडों द्वारा आपने संतुलित जीवन संगीत के अभ्यास को प्रगत करने और उसमें निरंतरता लाने हेतु जो बातें सीखीं, उनमें वेट, वॉच विथ वंडर और धीरजवार सबसे मुख्य पड़ाव थे।

किसी भी क्षेत्र में प्रगति करने के लिए इनसान जानकारी इकट्ठी करके कुछ कदम उठाता है और यहाँ तो जीवन में संतुलन स्थापित करने की बात चल रही है, जो कि किसी भी क्षेत्र में प्रगति करने का पहला कदम है। तो आइए, इस खंड द्वारा जीवन में संतुलन साधने के आठ महाकदम जानें। यहाँ हर कदम के साथ 'महा' शब्द का इस्तेमाल इसलिए किया गया है, क्योंकि यह ग्रेट एट (8) यानी बढ़िया, उच्चतम, बेस्ट, बेस्टेस्ट की ओर भी संकेत करता है। इन महाकदमों पर कार्य करने के बाद आप संतुलित अवस्था में स्थापित हो सकते हैं। इस अवस्था में जीते हुए जीवन के शारीरिक, मानसिक,

आर्थिक, सामाजिक और आध्यात्मिक क्षेत्रों में अपने आप संतुलन बना रह सकता है। है न आश्चर्य की बात!

तो चलिए, अलग-अलग उदाहरण और एनालॉजी के सहारे इन आठ महाकदमों को समझते हैं। इनमें सबसे पहले आता है—'महाआसन'।

महाआसन

जब आप अपने हृदय (केंद्र) स्थान पर अनुभव में रहते हैं तब दरअसल आप महाआसान पर रहते हैं। यहाँ पर आसन शब्द से यह अनुमान न लगाएँ कि यह शरीर के द्वारा की जानेवाली कोई व्यायाम प्रणाली है। हालाँकि शारीरिक स्वास्थ्य के लिए जो भी व्यायाम या आसन किए जाते हैं, उनका अपना महत्त्व है, लेकिन महाआसन दरअसल ऐसा आसन है, जिसके अंदर चैतन्य है तो बाहर आईना है यानी 'ग्रेट वॉल ऑफ चाइना' है, जिसका जिक्र पहले भी हो चुका है।

'महाआसन' का अर्थ आगे दिए गए उदाहरण द्वारा भली-भाँति समझा जा सकता है। एक बच्चा कितनी उत्सुकता से चाँद की तरफ देखता है। कभी-कभी आसमान में चाँद के सामने बादल आ जाते हैं और उन्हें देखकर बच्चे को लगता है कि चाँद बादलों के पीछे छिप गया है। फिर भी बच्चे की नजर चाँद पर ही लगी रहती है। वह देखता रहता है कि कितनी देर के बाद चाँद किस कोने से बादलों के बाहर आएगा। बादलों की ओट में होने के बावजूद वह चाँद से नजर नहीं हटाता। एकटक देखते रहने के कारण उसे अंदाजा होता है कि फलाँ बादल के अंतिम कोने में रोशनी बढ़ रही है, यानी चाँद वहीं से प्रकट होनेवाला है।

इस उदाहरण में चाँद अनुभव का प्रतीक है और बच्चा उस इनसान का, जो स्वानुभव में स्थित है। चकोर, जिसे चाँद से प्यार है, वह चाँद को कैसे देखता है? चाँद के सामने बादल आ जाने के बावजूद उसकी नजर चाँद पर ही गड़ी रहती है।

ठीक ऐसा ही जब आप अनुभव के साथ कर पाते हैं तो उसी को स्व में

स्थापित होना कहते हैं। मौन के आकाश में अनुभव रूपी चाँद सदा विद्यमान रहता है। हाँ, उसके आगे कई बार विचारों के बादल आ जाते हैं, जो अनुभव को छिपा देते हैं, लेकिन यदि आपको अनुभव से प्रेम है तो आप सतत उसका पीछा करेंगे और लगातार अभ्यास से जान पाएँगे कि वह कहीं गया नहीं है सिर्फ विचार रूपी बादलों की ओट में है।

अनुभव असल में किस अवस्था में है, किस कोने से बाहर आनेवाला है, इसे देखनेवाली नजर और संयम दोनों हो, तभी स्व में स्थापित होने की बात आती है। कहने का अर्थ है कि विचारों के काले बादल आने के बावजूद भी आपका ध्यान अनुभव से न हटे। हालाँकि बादल सफेद हों तो चाँद का पता आसानी से लग जाता है, लेकिन काले बादलों में भी आपकी नजरों ने चाँद को नहीं छोड़ा तब कहा जा सकता है कि आपने संतुलित जीवन की स्थिरता प्राप्त कर ली है। यहाँ पर सफेद बादल सकारात्मक विचारों का प्रतीक है और काले बादल नकारात्मक विचारों का। जिनके आने-जाने से अब आपको कोई तकलीफ नहीं है। यही वह स्थान है, जिसे महाआसन कहा गया है। इसे ही आप हृदय स्थान या संतुलित स्थान या तेजस्थान भी कह सकते हैं। जिसमें रहते इनसान के सारे कार्य ईश्वर निर्देशित होते हैं। जहाँ से हर धुँधली चीज भी साफ-साफ नजर आती है। ऐसे महाआसन में स्थापित होने और सेल्फ की संतुलित अवस्था प्राप्त करने के लिए ही इनसान धीरज की शक्ति साथ लिए पृथ्वी पर आया है।

यदि आपने जीवन की घटनाओं में उठनेवाले नकारात्मक या सकारात्मक, दोनों तरह के विचारों को निमित्त बनाकर, स्वानुभव में स्थापित होने का संतुलन साध लिया तो आप महाआसन पर विराजमान होंगे। जो ब्रह्मांड का सर्वोच्च स्थान है।

महाआँख

संतुलित जीवन साधना के लिए दूसरा महाकदम है—महाआँख। जिसका अर्थ है, महाअनुभव को देखने के लिए महादेव की तीसरी आँख। महा को

देखने के लिए जब महाआँख का इस्तेमाल किया जाता है तब विचारों के पीछे की असलियत खुल जाती है। परिणामत: जो भी काम आप किसी छोटे पैमाने पर सीख चुके हैं, उसे आप बड़े पैमाने पर इस्तेमाल कर पाते हैं। महाआँख के खुलते ही आप महान् जादूगर बन जाते हैं। धीरे-धीरे आपके सामने ब्रह्मांड का राज़ खुलने लगता है कि **जिस तकनीक का इस्तेमाल इनसान किसी छोटे दुःख के लिए करता है, वही तकनीक बड़े दुःख के लिए भी इस्तेमाल की जा सकती है।'**

बाहरी जगत् में जादू दिखलानेवाले जादूगर यह राज भली-भाँति जानते हैं। उनसे यदि पूछा जाए कि इतने बड़े-बड़े जादू वह इतनी कुशलतापूर्वक कैसे करते हैं तो उनका जवाब यही होगा कि हर बड़ा जादू, छोटे जादू का विस्तृत रूप होता है। उदाहरण के तौर पर, जादूगर आपको एक माचिस दिखाता है, जो तीलियों से भरी हुई होती है और अगले ही पल वह दिखाता है कि माचिस खाली हो गई है। इसे देखकर लोग हैरान हो जाते हैं कि अचानक सारी तीलियाँ कहाँ चली गईं। हालाँकि ऐसा छोटा सा जादू तो आपको कोई भी दिखा सकता है। लेकिन बड़ा जादूगर भी इसी सिद्धांत का इस्तेमाल करता है। शो के दौरान वह सबके सामने से अचानक स्टेज से हाथी को गायब कर देता है। एक जगह तीलियाँ गायब की गईं और दूसरी जगह हाथी। इसी तरह पूरी की पूरी रेल तक को गायब किया जा सकता है।

आपको भी अपने जीवन का सफल जादूगर बनना है। संतुलित जीवन संगीत साधना मिलने के बाद आप छोटे जादूगर तो बन ही चुके हैं, लेकिन अब आपको महाजादूगर बनना है और उसी पुरानी बात को, उसी आजमाए हुए सिद्धांत को बड़े पैमाने पर सहजता से इस्तेमाल करना है। यह पढ़कर किसी के मन में सवाल आ सकता है कि हम महान् जादूगर कैसे बन सकेंगे? तो कहा जाएगा यह बहुत ही सरल है। आज आपको जो भी दुःख, तकलीफें सतत परेशान करती हैं, उनके मामले में महा के सिद्धांत का इस्तेमाल करना है, बड़ा सेटअप बनाना है। इस तरह बड़ी-से-बड़ी चीजें (दुःख, तकलीफें) भी गायब हो सकती हैं। दुःख छोटे हों या बड़े, सिद्धांत वही रहता है।

अब तक आपने अपने छोटे-मोटे दुःखों पर काम करके देखा है और सभी को इसके परिणाम भी मिले हैं। अब आपको उन्हीं तरीकों का प्रयोग बड़े दुःखों के लिए भी करना है। उन पर भी वही असर दिखाई देगा, जो छोटे दुःखों पर देखा गया। इस सिद्धांत को कोई भी इस्तेमाल कर सकता है, लेकिन समस्या यह है कि बड़ा या समुंदर जितनी विशाल सोच पाने की मन की तैयारी नहीं होती। जो लोग ऐसा कर लेते हैं, वह बड़े शो दिखाने में सक्षम हो जाते हैं। यानी बड़े दुःखों से भी मुक्त हो जाते हैं। आपको भी यही करना है। बड़ा जादूगर बनने के लिए आपको महाआँख यानी महादेव की आँख को खोलना सीखना होगा। यह था दूसरा कदम। आइए, इस कदम को यूनान के विद्वान् दार्शनिक सुकरात के जीवन की एक घटना से समझते हैं।

सुकरात यूनान के बहुत बड़े विद्वान् दार्शनिक थे। बहुत से युवक उन्हें आदर्श पुरुष मानते थे, लेकिन उनकी पत्नी उनका सम्मान करना तो दूर, हमेशा उनका अपमान ही किया करती थी। सुकरात जब भी घर पर गहन अध्ययन में लीन रहते थे तो उनकी पत्नी यह बरदाश्त नहीं कर पाती थी। वह अकसर चिल्लाकर कहती थी, 'तुम्हें तो इन पुस्तकों के साथ शादी करनी चाहिए थी, तुमने मेरे साथ शादी क्यों की?'

एक दिन जब उनके शिष्यों ने सुकरात की पत्नी के अपशब्द सुने तो उन्हें बहुत बुरा लगा। उन्हें यह देखकर बहुत आश्चर्य भी हुआ कि पत्नी के अपमानजनक शब्द सुनकर भी सुकरात मौन थे और सहजता से मुसकरा रहे थे। उन्हें मुसकराते देखकर पत्नी को इतना क्रोध आया कि उसने उनके सिर पर पानी से भरी हुई बाल्टी उड़ेल दी। इस पर सुकरात ने पत्नी से कहा, 'आज तो तुमने वह कहावत भी गलत साबित कर दी, जिसमें यह कहा गया था कि जो बादल गरजते हैं, वह बरसते नहीं हैं।'

जब सुकरात शिष्यों के साथ बाहर पहुँचे तब शिष्यों ने कहा, 'क्षमा करें, लेकिन आपकी पत्नी तो आपके साथ बहुत

ही बुरा सलूक करती है। आप यह सब कैसे सहन करते हैं?' सुकरात ने मुसकराते हुए कहा, 'देखो, वह बार-बार मेरी सहनशक्ति और धीरज की परीक्षा लेती है। वह यह सुनिश्चित करना चाहती है कि जो इनसान दूसरों को ज्ञान देता है, खुद उसमें कितना ज्ञान है, कितना संयम है? वह बार-बार मेरा अपमान करके यह देखती है कि मैं अंदर से कच्चा हूँ या पक्का। उसी के कारण मुझमें संयम का गुण विकसित हुआ है, इसलिए मुझे उससे या उसके व्यवहार से कोई शिकायत नहीं है।'

एक शिष्य ने उनसे पूछा कि वह अपने अनुभव के आधार पर बताएँ कि आदमी को शादी करनी चाहिए या नहीं? सुकरात का जवाब था, 'शादी तो अवश्य करनी चाहिए। अगर तुम्हें अच्छी पत्नी मिल गई तो तुम बहुत सुखी रहोगे और अगर बुरी पत्नी मिल गई तो तुम दार्शनिक बन जाओगे। यानी दोनों ही दृष्टियों से तुम्हें लाभ ही होगा।'

इस प्रसंग से यह समझें कि जीवन में हमारे साथ होनेवाली घटनाएँ उतनी महत्त्वपूर्ण नहीं होती हैं बल्कि हम उन घटनाओं को किस दृष्टिकोण से, किस आँख से देखते हैं, यह सबसे महत्त्वपूर्ण है। उस पर हमारी प्रतिक्रिया निर्भर होती है। सुकरात की पत्नी कर्कशा थी, लेकिन सुकरात उसके व्यवहार को भी सकारात्मक दृष्टिकोण यानी महाआँख से देखते थे और यह मानते थे कि वह उनकी सहनशक्ति और धैर्य का इम्तहान लेती है। जाहिर है, सुकरात उसके प्रति बुरी राय भी रख सकते थे और इतनी खराब पत्नी होने पर अफसोस कर सकते थे, लेकिन उससे उन्हें कोई लाभ नहीं होता।

सुकरात के इस प्रसंग से हमें यह सीख लेनी चाहिए कि हम भी अपने साथ होनेवाली हर छोटी और बड़ी घटना को ज्ञान की रोशनी में देखें, महाआँख से देखें।

❑

भाग 14

एम.ए. आठ - 2

महाआरंभ : एम.ए. 3
महाअभियान : एम.ए. 4

अधैर्य : बहुत हो रहा है बोर
धीरजवार : चलो ईश्वर की ओर

महाआरंभ

इस अध्याय के तीसरे महाकदम पर आपको महाआरंभ की कला सीखनी है। यानी महाआरंभ या पूर्वावस्था की अवस्था से देखना सीखना है। जरा सोचें, महाआरंभ कब होता है? हर चीज जीवन में कभी-न-कभी पहली बार होती है, इसे ही महाआरंभ कहते हैं। जीवन की श्रृंखला में हर कड़ी, अगली कड़ी की तैयारी होती है। यह महाआरंभ की शुरुआत है। आपको भी महाआरंभ करना है।

उदाहरणार्थ, जब किसी चीज के टूटने से आपको दुःख हो तो अपने आप से पूछें, 'यदि फलाँ चीज के टूटने की वजह से मुझे दुःख हुआ है तो अब मैं उस अवस्था में जाता हूँ, जब फलाँ चीज टूटी नहीं थी और दुःख आरंभ नहीं हुआ था ।' अर्थात् आपको अपने जीवन की हर घटना में दुःख,

परेशानी, तकलीफों को सही ढंग से देखने (वॉच) की कला सीखनी होगी। जिस पल आप आनंद में थे, आपको कोई दुःख नहीं था, उस अवस्था को याद करना यानी महाआरंभ में जाना। ऐसा इसलिए करना है, ताकि आप दुःख में भी खुश रह पाएँ। वरना ज्ञान के अभाव में इनसान की अवस्थाएँ पल-पल बदलती रहती हैं। कैसे? आइए, इसे एक और उदाहरण से समझते हैं।

ज्ञान प्राप्ति के मार्ग पर चलते हुए, समझ मिलने के कारण कुछ लोग सत्य की सेवा से जुड़ते हैं। इसे सेवा की प्रारंभिक अवस्था या महाआरंभ भी कहा जा सकता है। जिसमें रहते हुए सेवक आनंद की अवस्था प्राप्त करते हैं और बड़ी अभिव्यक्ति करने की इच्छा रखते हैं। ऐसे में बड़े जोरदार ढंग से सेवा आरंभ होती है, उसका आनंद भी लिया जाता है। मगर कुछ समय बीतने के बाद, किसी कारणवश सेवा करनेवाले को सेवा में कुछ समस्याएँ या तकलीफें आती हैं। इस कारण से सेवक का मन सेवा से हटकर उन तकलीफों में अटक जाता है या कभी-कभी इसके विपरीत भी घटता है। सेवाओं से सेवक को सुखद फल की अनुभूति मिलने के कारण मन उसमें भी अटक जाता है।

जब किसी सत्य-सेवक के साथ ऐसा होता है, तब उससे कहा जाता है कि 'कुछ समय सेवा पर विराम लगाकर महाआरंभ की अवस्था में जाओ, यानी उस अवस्था को याद करो, जब आपके मन में सेवा से मिलनेवाले किसी फल की इच्छा नहीं थी या सेवा में आपको कोई तकलीफें नजर नहीं आई थीं।' गौर करें कि तब आप कैसे थे? कहने का अर्थ है कि जब आप महाआरंभ की अवस्था में जाएँगे तो फिर से शुरुआती दौर की आनंदी भावना आपको पकड़ में आएगी। इस तरह उपरोक्त मार्गदर्शन आप जीवन के हर स्तर पर इस्तेमाल कर सकते हैं। इसमें जरूरी नहीं कि केवल सेवा में रहते महाआरंभ की अवस्था में जाना है बल्कि जीवन की हर दुःखद घटना को महाआरंभ की अवस्था से याद कर दुःख मिटाया जा सकता है और आनंदित जीवन का लाभ लिया जा सकता है। कैसे? आइए जानते हैं, एक लेखक के उदाहरण से।

एक मशहूर लेखक था, जिसने अपनी जीवंत लेखनशैली की बदौलत कई प्रभावशाली पुस्तकों की रचना की। बहुत सारे लोगों ने उन पुस्तकों का लाभ लिया। लेखक के प्रति मन में कृतज्ञता का भाव रखते हुए एक बार दो लोग लेखक की मदद के लिए उसके पास पहुँचे। जिनमें से एक का नाम 'एम' था और दूसरे का नाम 'ए' था। दोनों को काम देने से पहले उनकी जाँच-पड़ताल करने हेतु ए को पेंसिल छीलने का काम दिया गया। जैसा कि आप जानते हैं, कहीं-कहीं पर लिखने के लिए पेंसिल का उपयोग भी किया जाता है और एम को पेन में स्याही भरने की सेवा दी गई। ए और एम, दोनों ने अपनी-अपनी सेवाएँ शुरू कर दीं। कुछ समय उपरांत ए को लगा कि पेंसिल का इस्तेमाल तो बहुत कम होता है, इसलिए यहाँ कोई ज्यादा सेवा है ही नहीं। दूसरी तरफ एम की सेवा लगातार चल रही थी, क्योंकि इंक बार-बार खत्म हो रही थी और उसे बार-बार पेन में इंक भरनी पड़ रही थी। इस बात से ए को यह सोचकर तकलीफ होनी शुरू हो गई कि 'हमारी तरफ तो ध्यान ही नहीं दिया जा रहा है, जैसे कि हमारी सेवा का कोई महत्त्व ही नहीं है।'

उपरोक्त कहानी का तात्पर्य है कि जब कोई इनसान ए की तरह सोचने लगता है, तब उससे कहा जाता है कि महाआरंभ की अवस्था में जाओ। यहाँ भी ए से कहा गया कि 'जरा सोचो, जब तुमने इस लेखक की पुस्तक पढ़ी थी, तब तुम्हें कितना आनंद आया था और तुमने सोचा था कि तुम भी उसकी कोई सेवा कर सको, फिर भले ही वह छोटी सी क्यों न हो, लिखाई में थोड़ी सी मदद की सेवा ही सही वगैरह-वगैरह।'

इस तरह महाआरंभ की अवस्था पर मनन करते ही संभावना है कि वही भावना फिर से याद आए, जो कार्य की शुरुआत में थी। इसे कहते हैं—महाआरंभ।

आपको भी हर कार्य या सेवा में हमेशा महाआरंभ को ध्यान में रखना है। जब भी ऐसा लगे कि किसी बात या घटना के कारण आपको कुछ नकारात्मक महसूस हो रहा है तो खुद को याद दिलाएँ कि महाआरंभ कैसा था, शुरुआत कैसी थी, उस वक्त कैसी भावना थी। ऐसा करने पर आप दोबारा वे ही भाव महसूस करेंगे। ऐसा करना एक कला है। जो लोग इसे सीख लेते हैं, वह दुःखी होना छोड़ देते हैं, क्योंकि अब उन्हें पता चल गया है कि इनसान के दुःख का कारण क्या है? उन्हें पता है कि वह महाआरंभ को भूल गए थे, इसलिए उसे फिर से पकड़ना है।

इस तरह महाआरंभ की अवस्था को याद करने का यह प्रयोग आपको हर दुःखद और नकारात्मक घटना से बाहर निकालने में सहायक तो सिद्ध होगा ही, जो कि ऊपरी-ऊपरी लाभ है। जबकि मूल लाभ इससे कई गुना अधिक बढ़कर है। जिसे पाकर आप उच्चतम जीवन की ओर बढ़ेंगे, यही संतुलित जीवन का रहस्य है।

महाअभियान

संतुलित जीवन संगीत का चौथा महाकदम है, महाअभियान। जो लोग जीवन में उच्चतम अभिव्यक्ति की ओर बढ़ रहे हैं, उनके लिए 'महाअभियान' यह एक विशेष बिंदु है। अब तक आप अपनी अभिव्यक्ति को एक, दो, तीन के क्रम में आगे बढ़ा रहे थे। लेकिन अब महाअभियान में यह तरीका बदल जाता है, अब यह क्वांटम जम्प (बड़ी छलाँग) बन जाता है अर्थात् एक के बाद दो या तीन नहीं बल्कि सीधे पाँच आता है, पाँच के बाद सीधे पंद्रह आता है, पंद्रह के बाद पैंतीस आता है। कहने का अर्थ है कि महाअभियान में एक महाजम्प लिया जाता है। जो लोग बड़ी अभिव्यक्तियाँ कर पा रहे हैं, जिनके लिए यह आसान होने लगा है, वह सोचेंगे कि अब इससे बड़ा जम्प और क्या हो सकता है। जो लोग अब तक क्वांटम जम्प नहीं कर पाए हैं, वह अपनी पुरानी रफ्तार से ही आगे बढ़ेंगे। लेकिन जो लोग तेज रफ्तार से आगे बढ़ना चाहते हैं, वह जब महाअभियान के अंतर्गत कदम उठाते हैं तब एक ऐसा समय आता है, जब उनके लिए यह सारी चीजें सहज हो जाती हैं। इसलिए महाअभियान में जो इनसान एक पर है, उसे पाँच के बारे में सोचना चाहिए। यदि वह पाँच को अपना उद्देश्य बनाएगा तो कम-से-कम दो तक तो पहुँच ही जाएगा। इसी तरह जो पाँच पर हो, उसे पंद्रह के बारे में सोचना होगा, इस तरह वह कम-से-कम दस तक तो पहुँच ही जाएगा। जो लोग जीवन में उच्चतम लक्ष्य रखते हैं और उसे पाने के लिए हर संभव प्रयास करते हैं, उन्हें महाअभियान में कार्य करने के बारे में सोचना चाहिए, ताकि वह जल्द-से-जल्द अपने लक्ष्य तक पहुँच सकें।

❑

भाग 15

एम.ए. आठ - 3

महाग्नेट एक्शन : एम.ए. 5
मनन आदेश : एम.ए. 6

अधैर्य : मैं तो हूँ अभागा

धीरजवार : समझ बढ़ी तो मेरा भाग्य है जागा

'महा' के क्रम में महाआसन, महाआँख, महाआरंभ और महाअभियान के बाद ऐसा ही एक दमदार कदम आता है, वह है—'महाग्नेट एक्शन'।

महाग्नेट एक्शन

महाग्नेट का अर्थ है—ऐसा मैग्नेट (चुंबक), जो उच्चतम चेतना को, उच्चतम वस्तुओं को अपने जीवन में आकर्षित करता है। आप जिस किस्म के मैग्नेट होते हैं, जीवन में वैसी ही चीजें आपके पास आकर्षित होती हैं। महाग्नेट एक्शन का आशय है कि आप जो भी कार्य कर रहे हैं, वह पीतल बनकर नहीं बल्कि महाग्नेट बनकर करें। पीतल बनकर कार्य (एक्शन) करना यानी दुःखी व परेशान होकर कार्य करना, और महाग्नेट बनकर कार्य करना यानी आनंदित अवस्था में रहकर कार्य करना।

असल में पीतल बनकर इनसान अपने जीवन से सारी अच्छी चीजें हटा देता है या आनेवाली अच्छी चीजें रोक देता है। महाग्नेट एक्शन करने का उद्देश्य यही है कि हमारी अभिव्यक्ति में इस्तेमाल होनेवाली सभी चीजें हमारे जीवन में सरलता से आएँ। जब भी जीवन में दिखावटी सत्य* हावी हो तो स्वयं को फौरन याद दिलाएँ कि 'यह दिखावटी सत्य है, इसलिए अब महाग्नेट एक्शन लेना होगा, फिर से मैग्नेटाइज होना होगा।'

यह जानने की कोशिश करें कि आप किन विचारों से मैग्नेटाइज होते हैं और फिर उन्हें लाने में जुट जाएँ। ऐसा करने से आप दोबारा मैग्नेट बनकर, उच्चतम चीजों को अपनी ओर आकर्षित करने लगेंगे।

मनन आदेश

मनन आदेश यानी स्वयं को मनन सबूत देना है कि 'मनन की वजह से मैं कितनी उलझनों से बच गया और आज सुलझन भरे जीवन का लाभ ले पा रहा हूँ।' अपने अंदर से ऐसी घोषणा आप तभी कर पाएँगे, जब आपका मनन आदेश पर काम हुआ होगा।

जरा सोचें, मनन आदेश दिया जाना क्यों जरूरी है? इसका एक कारण यह है कि इनसान जिस शरीर को इस्तेमाल करता है, उस शरीर में कोई-न-कोई ऐसी गलत वृत्ति या आदत होती है, जो उसे हमेशा दुःख की खाई में ढकेलती रहती है और उच्चतम अभिव्यक्ति की उड़ान भरने से रोकती है। ऐसे में मनन की तलवार, इनसान की जंग खाई बुद्धि को धारदार बनाती है। मनन की आदत आपकी अभिव्यक्ति की रफ्तार को बरकरार रखने में मदद करती है। इसका अर्थ है कि किसी गलत आदत या वृत्ति होने के बावजूद आपकी अभिव्यक्ति की रफ्तार उतनी ही रहती है, जितनी उस इनसान की, जिसमें यह वृत्ति न हो। इसलिए समय रहते इस शस्त्र का इस्तेमाल कर अपनी गलत वृत्तियों से छुटकारा पाएँ तथा अपनी कमजोरियों पर मात कर उच्चतम

---

*दिखावटी सत्य यानी जो सच नहीं होता, मगर सच प्रतीत होता है।

अभिव्यक्ति करने में कोई कसर न छोड़ें। यही संतुलित जीवन का रहस्य है। आइए, इस बात को एक उदाहरण से समझते हैं।

मान लीजिए, आपके पास एक कंप्यूटर है, जिसके की-बोर्ड का एक बटन ऐसा है, जिसे अन्य बटनों की तुलना में थोड़ा जोर से दबाना पड़ता है, वरना वह काम नहीं करता। चूँकि आपके पास कोई विकल्प नहीं है, आपको टूटे बटन के साथ ही कार्य करना है तो ऐसे में आप इस बात को लेकर रोते नहीं बैठते कि 'इस बटन के कारण मेरा काम धीरे हो रहा है। बल्कि आप स्वयं की उँगलियों को ऐसे समायोजित करते हैं कि आपके काम में खलल न पड़े। जो लोग कंप्यूटर पर टाइपिंग करते हैं, उन्हें पता होगा कि कई बार 'की-बोर्ड' के किसी टूटे हुए बटन के कारण उनकी रफ्तार कम हो जाती है।

यदि आपके साथ ऐसा हो तो आप से यही कहा जाएगा कि 'इस टूटे हुए बटन के बावजूद भी आप इतना अभ्यास करें कि आप अपना काम उतनी ही रफ्तार से कर पाएँ, जितना कि बिना टूटे 'की-बोर्ड' पर काम करनेवाला करता है।'

मनन-आदेश का महत्त्व समझाने हेतु यह केवल एक उदाहरण है। जिसे पढ़कर यह न सोचें कि हमें अपना टूटा 'की-बोर्ड' बदलना नहीं है।

खैर, हम फिर से उपरोक्त उदाहरण की तरफ मुड़ते हैं। आपको टूटे हुए 'की-बोर्ड' के साथ इसलिए अभ्यास करना है, क्योंकि सीमित साधनों में रहते हुए ही इनसान नया रचनात्मक सोच पाता है। 'की-बोर्ड' के टूटे हुए बटन के साथ काम करते हुए आप सोच पाएँगे कि 'बटन पर कितना दबाव डालना है, दबाने का कोण (एंगल) कैसे रखना है, गति कितनी होनी चाहिए?' इत्यादि। इस तरह आपको अपना काम भी करते रहना है और साथ में प्रयोग भी करना है। धीरे-धीरे आप समझ जाएँगे

> कि कमजोर बटन से कैसे काम लेना है। लगातार धीरज रखते हुए काम करते-करते एक समय ऐसा आएगा, जब आप एक खराब बटन के बावजूद भी उसी रफ्तार से काम कर पाएँगे, जिस रफ्तार से लोग सामान्य 'की-बोर्ड' पर काम करते हैं। यदि आपने यह महारथ हासिल कर ली तो समझ जाइए कि आप महा अभिव्यक्ति के लिए तैयार हैं।

यही बात इनसान की वृत्तियों या कमजोरियों पर भी लागू होती है। अकसर इनसान अपनी आदतों व वृत्तियों से मजबूर होकर स्वयं को नाकाबिल समझने लगता है। अपनी मर्यादाओं की वजह से स्वयं की क्षमताओं से अनजान रहता है। यह मर्यादाएँ शारीरिक भी हो सकती हैं, मानसिक भी। मनन, धैर्य और निरंतर अभ्यास से इन मर्यादाओं को तोड़ा जा सकता है।

आइए, इस तथ्य को अधिक उजागर करने हेतु एक और उदाहरण पढ़ते हैं।

> यह एक कामयाब और मशहूर नृत्यांगना का उदाहरण है। एक बार कार से सफर करते हुए उसकी कार दुर्घटनाग्रस्त हो गई। इस हादसे में उसकी एक टाँग कट गई। जरा सोचिए, किसी नृत्यांगना के लिए उसकी टाँग का कट जाना उसके लिए कितनी पीड़ादायक बात है। लेकिन वह इस घटना से दुःखी और परेशान होकर रोती-धोती नहीं रही कि 'मेरे साथ ऐसा हादसा क्यों हुआ? अब मैं नृत्य अभिव्यक्ति कैसे कर पाऊँगी?'

> उस समय उससे यही कहा गया कि 'नकली टाँग के बावजूद भी तुम अपने नृत्य

का अभ्यास जारी रखो। हर अभ्यास के बाद मनन करो कि नृत्य के पदान्यास में क्या कमी रह गई है, फिर उस अनुसार मेहनत करो।'

हार न मानते हुए, धीरज के साथ उसने नकली पैर लगाकर, पुनः नृत्य का रियाज करना शुरू किया। धीरे-धीरे उसके नृत्य में निखार आता गया। अंततः अपने अथक प्रयासों से एक बार फिर वह नृत्य कला में निपुण हो गई और उसी खूबसूरती से नृत्य पेश कर पाई, जैसे वह पहले किया करती थी। उसकी कोई भी वृत्ति (मानसिक व शारीरिक रुकावट) उसके लिए बाधा नहीं रही। यह कोई काल्पनिक उदाहरण नहीं है। संसार में ऐसे कई उदाहरण मौजूद हैं।

यह उदाहरण इसीलिए दिए जा रहे हैं, ताकि आपके जीवन में यदि कोई समस्या हो तो आप उसका बहाना न बनाएँ। यह कतई न सोचें कि 'मेरे साथ कुछ समस्या है या कोई कमी है, इसलिए मैं अभिव्यक्ति कैसे करूँ?' इसके बजाय जो भी कमी हो, उसे स्वीकार करके अपने आप से कहें कि 'मेरी कमियों के बावजूद मेरी रफ्तार उतनी ही हो सकती है, जितनी बुद्ध की थी, महावीर की थी या बिल गेट्स की थी।' कहने का अर्थ है कि जितनी रफ्तार आप स्वस्थ और संपन्न लोगों के लिए स्वाभाविक मानते हैं, धीरज के साथ किए गए निरंतर अभ्यास से आपके शरीर में भी उतनी ही रफ्तार आ सकती है। बस यह याद रखें कि अभ्यास के साथ-साथ यह मनन करना भी जरूरी है कि 'इस चीज को मैं और किस ढंग से कर सकता हूँ?' यह सवाल आपकी रचनात्मकता को जाग्रत् करेगा।

हर रात सोते समय यह मनन कर लें कि कल किए जानेवाले कार्य किस तरह सही समय पर, सही ढंग से हो रहे होंगे।

यह बात इतनी छोटी सी है कि लोग अकसर इसे भूल जाते हैं। लेकिन याद रखें कि इसका परिणाम बहुत बड़ा है। जो भी लोग आनेवाले दिन के बारे में मनन करते हैं, उन्हें इस बात का अंदाजा हो जाता है कि यदि कोई

दिक्कत सामने आई तो उसे कैसे सुलझाया जा सकता है। चूँकि वे मनन करके, पहले से ही आनेवाली समस्या के लिए तैयार होते हैं, इसलिए वह दिक्कत आती ही नहीं है और यदि आती भी है तो इतनी आसानी से सुलझ जाती है कि पता ही नहीं चलता। यह कुछ मिनटों का मनन आदेश आपकी दिनचर्या बदल सकता है। इससे आप यह समझ जाते हैं कि कैसे महाआसन या हृदय या संतुलित बिंदु पर रहते हुए, क्रियाएँ की जा सकती हैं और तनाव आने से पहले उसे रोका जा सकता है।

जिन्होंने मनन-आदेश का अभ्यास नहीं किया होता है, उनके साथ क्या होता है, यह भी जानें। ऐसे लोग छोटी-छोटी बातों से तनाव में आ जाते हैं। उदा., फोन की घंटी बजना, अचानक मेहमानों का आना, सफर पर निकलते हुए समय पर ट्रेन या बस पकड़ना, जेब में अधिक रुपयों का होना, ऑफिस में अचानक मीटिंग तय होना, ट्रैफिक में फँसना इत्यादि।

ऐसे तनावपूर्ण वातावरण में स्वयं को याद दिलाएँ कि 'अब मुझे महाआसन पर जाना है, महाआँख का इस्तेमाल करना है।' ऐसा तब संभव हो पाएगा, जब आपने निरंतर इसका अभ्यास किया होगा, जिसमें आपने इस बात को एक रात पहले ही देख लिया होगा, मनन कर लिया होगा कि 'आनेवाले कल में फलाँ-फलाँ बातें होंगी तो उस समय हम कैसे प्रतिसाद देंगे।' तब उस परिस्थिति से निपटना आपके लिए बहुत आसान हो जाएगा।

इस तरह मनन आदेश पर कार्य कर, आप स्वयं को उसके सबूत दे पाएँ और यह समझ पाएँ कि विश्व में इनसान ही एक ऐसा प्राणी है, जो मनन कर, धीरज के साथ कार्य कर सकता है और जीवन के आश्चर्य देखकर आनंद ले सकता है। मनन करने से ही वह विज्ञान के सारे आविष्कार कर पाया है। मनन से ही वह अपने आपको दिशा दे पाया है। वरना बिना दिशा के इनसान का जीवन जानवर से भी बदतर है।

मनन-आदेश से आपको यह स्पष्ट होगा कि 'अब तक के जीवन में मैंने क्या-क्या खोया है और क्या-क्या पाया है। जो खोया है, वह कितना महत्त्वपूर्ण था और जो पाया है, वह कितना उपयोगी है। यदि खोई हुई चीज

अति महत्त्वपूर्ण थी और पाई हुई चीज अनुपयोगी है तो इसका अर्थ है—'अब तक मैं बेहोशी में जी रहा हूँ।' अपने आप से पूछें, 'कहीं मैंने अपनी कुछ गलत आदतों (अधीरता) की वजह से अच्छी बातें तो नहीं खो दीं? उदाहरणार्थ किसी की दोस्ती, अच्छे विचार, अच्छी तरकीबें, अच्छी सलाह, जिसे उस वक्त सुनना मैंने गवारा न समझा। आज उन बातों का महत्त्व मुझे समझ में आ रहा है तो ऐसा लग रहा है कि 'काश! मैंने वह सुना होता, काश! मैंने वह शिविर किया होता, काश! मैंने उन बातों को जीवन में तभी लाया होता तो आज मेरा जीवन ऐसा न होता' इत्यादि।

इस तरह हर घटना में धीरज रखते हुए किया गया मनन आगे के जीवन के लिए आप में समझदारी लाएगा। जिससे आपका आगे का जीवन तो कम-से-कम पुरानी गलतियों से मुक्त होकर आपके लिए नवजीवन बनेगा, जिसमें आपके द्वारा सकारात्मक, रचनात्मक और सृजनात्मक कार्य होंगे।

यदि आप नए, उज्ज्वल भविष्य के साथ संतुलित जीवन जीना चाहते हैं तो आज से ही मनन-आदेश पर कार्य करना शुरू करें और देखें धीरज के जादू के साथ आनेवाले आश्चर्य!

❐

भाग 16

एम.ए. आठ - 4

मीरा आग्रह : एम.ए. 7

अधैर्य : मन को नहीं आता है चैन
धीरजवार : जप ले हरि नाम दिन और रैन

मनन आदेश के बाद अगला कदम आता है, मीरा आग्रह का। अब तक आपने सत्याग्रह के बारे में तो कई बार सुना या पढ़ा होगा, लेकिन मीरा आग्रह के बारे में आप पहली बार पढ़ेंगे।

मीरा आग्रह

मीरा आग्रह का अर्थ है—संत मीराबाई ने जिस भक्ति और संयम से सत्याग्रह कर अपने प्रभु कृष्ण को पाया, उसी तरह आपको भी सत्य प्राप्ति के लिए धैर्य की शक्ति का लाभ लेते हुए आग्रह करना होगा।

बेशर्त प्रेम, विश्वास और भक्ति की पराकाष्ठा के कारण मीरा यह कर पाई। भक्ति और प्रेम में मीरा जब सुध-बुध खोकर भजन गाती तो लोग उसे पागल समझते थे, लेकिन लोगों की बातों की ओर ध्यान न देते हुए, आत्मिक बल की शक्ति से उसने सत्य का आग्रह कभी नहीं छोड़ा। मीरा का

जीवन भक्ति, साहस और संयम का अद्‌भुत संगम था। लोग उसकी भक्ति को समझ नहीं पाए, इसलिए उन्होंने मीरा पर तरह-तरह के अत्याचार किए। इसके बावजूद वह पाँव में घुँघरू बाँधकर नाचती रही और कोई उसका बाल तक बाँका नहीं कर पाया। वजह थी निरंतरता और धीरज के साथ किया गया मीरा का सत्याग्रह।

एक बार मीरा को राज परिवार का धर्म भ्रष्ट करने के आरोप में कारावास में डालने की आज्ञा दी गई। उस पर यह भी आरोप लगाया गया कि उसने धर्म-अदालत के कई नियमों का उल्लंघन किया है। जैसे मीरा ने अपने पति का धर्म स्वीकार करने से इनकार किया, उसने पर पुरुषों के सामने नृत्य किया, उसने छोटी जाति के लोगों से संबंध बढ़ाकर राज परिवार की मर्यादा को भ्रष्ट किया।

मीरा से उसके अपराधों की सफाई माँगते हुए धर्म सभा में राजपुरोहित ने उससे पूछा कि 'क्या तुमने अपने पति का धर्म स्वीकार करने से इनकार किया?' तब मीरा ने शांत स्वर में जवाब में कहा, 'मेरा एक ही धर्म है और वह है सत्य-मेरा कृष्ण, वही मेरा पति है, बाकी भवसागर, संसार सब झूठ है।'

फिर मीरा से पूछा गया, 'जिस परिवार या समाज में तुम रहती हो, क्या उस समाज के नियम तुम्हारे लिए कोई महत्त्व नहीं रखते?' इस पर मीरा ने कहा, 'मैं आज, इसी पल अपना परिवार और समाज दोनों का परित्याग करती हूँ।' यह सुनते ही राजदरबारियों समेत पूरी प्रजा को गहरा आश्चर्य हुआ।

मीरा को मृत्यु दंड का भय दिलाने की भी कोशिश की गई। फिर भी मीरा ने धर्म के ठेकेदारों से कहा, 'आप अपना धर्म देखें, मैं अपना कर्म कर रही हूँ। मृत्यु से मुझे भय नहीं है। जिस शरीर से सीमित हूँ, उसकी मृत्यु हो जाए तो मैं असीम हो जाऊँगी, अनंत में समा जाऊँगी। आप परिणाम की इच्छा से बँधे हैं और मैं इच्छा का परिणाम जानती हूँ।'

तरह-तरह से डरा-धमकाकर मीरा को उसके पथ से हटाने की कोशिशें की गईं। लेकिन हर कोशिश नाकामयाब रही। मीरा कृष्ण की सच्ची भक्त थी, उसका विश्वास कभी नहीं डगमगाया। उसकी भक्ति बेशर्त थी। 'सामनेवाला

मेरी माँग पूरी करेगा तो ही मैं भक्ति करूँगी', ऐसी कोई शर्त उसमें नहीं थी। इसीलिए जिस समाज ने मीरा को कारावास में डाला, उस समाज के प्रति भी मीरा निःस्वार्थ प्रेम करती रही। वह अपने लक्ष्य के प्रति पूर्ण रूप से समर्पित थी। अंत में मीरा को कारावास में डाल दिया गया। मगर कारावास में भी मीरा अपनी भक्ति में डूबी रही तथा कविताएँ और भजन लिखती रही।

यही है सत्याग्रह, मीरा-आग्रह, धीरज से किया गया निरंतर आग्रह। आपको भी मीरा के जीवन से प्रेरणा प्राप्त कर, धीरज के जादू और प्रेम, आनंद, मौन की शक्ति से उस अनुभव तक पहुँचना होगा, जिसे जीवन का अंतिम लक्ष्य माना गया है।

❑

भाग 17

एम.ए. आठ - 5

महाअनुवाद : एम.ए. 8

अधैर्य : कुछ नहीं हो रहा मेरे मन अनुसार
धीरजवार : खुद को तू न भूल तो होगा बेड़ा पार

संतुलित जीवन संगीत और धीरज के जादू का आठवाँ और आखिरी कदम है- महाअनुवाद या धीरज का वार (प्रहार)।

महाअनुवाद सीखने से पहले एक उदाहरण को समझें।

महाअनुवाद

एक गाँव में दो मंदिर थे, जहाँ गाँव के लोगों की शादियाँ होती थीं। कुछ सालों बाद लोगों को समझ में आया कि दोनों में से एक मंदिर ऐसा है, जहाँ पर हुई सभी शादियाँ असफल रही हैं। सभी तलाक में बदल चुकी हैं। इस बात का एहसास होने पर गाँववालों ने उन लोगों की खोज शुरू की, जिनका तलाक हुआ था। तलाकशुदा लोगों से पूछा गया कि तलाक का पहला विचार उन्हें कब और किस घटना के कारण आया?

लोगों ने अपने-अपने जवाब दिए, कई तरह की घटनाएँ और कारण बताए।

खोज करते-करते आखिर में पता चला कि जब भी शादी के दौरान दूल्हे का सेहरा बाँधा गया, उसी समय उसके दिमाग में पहली बार तलाक का विचार आया? यानी सेहरे में ही गड़बड़ थी। लोगों ने उसका यह हल निकाला कि अब जब भी किसी की शादी हो तो सेहरा बाँधने की दिशा बदल दी जाए यानी सेहरे को नए ढंग से पहनाया जाए। ऐसा करने के बाद लोगों ने पाया कि तलाक होने बंद हो गए। मतलब सेहरे की दिशा बदली तो वह दशहरा (रावण रूपी विचारों का वध) हो गया। जबकि इसके पहले सेहरा बाँधते समय दूल्हे के मन में रावण जैसे विचार आते थे। सेहरा पहनते ही उन्हें लगता था, 'जिस लड़की से शादी हो रही है, वह तो काली है, बाराती ही ज्यादा सुंदर हैं। दहेज में भी कुछ खास नहीं मिला है या लड़की का फलाँ रिश्तेदार तो बदमाश लगता है', वगैरह-वगैरह। लेकिन जब सेहरे की दिशा बदल दी गई तो सब बदल गया। यहाँ सेहरा तोलू मन का प्रतीक है।

इस उदाहरण से यह समझ मिलती है कि जब भी आपके मन में कोई नकारात्मक विचार आए तो तुरंत आपको उसका अनुवाद करना है। अनुवाद यानी ट्रांसलेशन। नकारात्मक विचारों को फौरन ट्रांसलेट करके अपने अंदर की भावना बदलने का अर्थ है कि आपने महाअनुवाद कर लिया है। यदि आप महाअनुवाद करना सीख गए तो आपको जीवन की घटनाओं से दुःख होना बंद हो जाएगा। अब सवाल यह है कि किस तरह के विचार का, कैसा अनुवाद होना चाहिए? तो आइए इसे अधिक विस्तार से समझते हैं।

उदाहरण के लिए, जो लोग कंप्यूटर जानते हैं, उन्हें पता है कि टाइपिंग के दौरान जब शब्द गलत हो जाता है तो क्या होता है? शब्द के नीचे लाल रंग की रेखा खिंच जाती है, जिसका अर्थ होता है शब्द को जाँचने की जरूरत

है। आपको भी बिल्कुल ऐसा ही करना है। जब भी आपके मन में नकारात्मक विचार आए तब उस विचार की जाँच करें और तुरंत उसका अनुवाद करें, इसी को कहते हैं, 'महाअनुवाद।' नकारात्मक विचार का यदि महाअनुवाद न किया जाए तो उस विचार के बाद दुःखद भावना आती है। यदि आपने दुःख के विचार का सही अनुवाद किया तो फौरन आपको सकारात्मक भावना महसूस होगी। यह सकारात्मक भावना इस बात की ओर इशारा है कि आपका अनुवाद बिल्कुल सही हुआ है।

जैसे उस मंदिर में शादी के दौरान किसी दूल्हे के मन में विचार आया कि 'लड़की बहुत काली है' तो इसका अनुवाद होगा, 'लड़की काली है, लेकिन दिलवाली है।' ऐसा अनुवाद होने से फौरन उस दूल्हे को अच्छा महसूस होगा, सकारात्मक भावना आएगी। सुखद भावना इस बात का प्रतीक है कि उसने सही अनुवाद किया है। यदि सकारात्मक एहसास न हो तो इसका अर्थ है कि अनुवाद सही नहीं हुआ है।

असल में हर किसी को महाअनुवाद की कला सीखनी चाहिए और महाअनुवादक बनना चाहिए। उदाहरण के लिए इनसान को विचार आए कि 'दहेज में कुछ खास नहीं मिला' तो इसका महाअनुवाद होगा, 'आज नहीं मिला'। अर्थात् लड़की के सकारात्मक विचारों की वजह से मेरे जीवन में बहुत कुछ आनेवाला है।' जब ऐसा अनुवाद होगा तब स्वतः ही नकारात्मक भावना महसूस होनी बंद हो जाएगी। किसी को यह लगे कि बाराती ज्यादा सुंदर हैं तो उसे अनुवाद करना चाहिए कि 'सुंदर है तो सुंदर ही रहें।'

एक बात न भूलें कि आप जो अनुवाद कर रहे हैं, वह बस आपके लिए ही है। हो सकता है कि जो अनुवाद करके आपकी भावना बदल रही है, वैसा अनुवाद करके, वैसी पंक्ति सोचकर दूसरे की भावना न बदले। इसलिए याद रहे, आपका महाअनुवाद आपके लिए ही सही है।

जैसे एक बच्चा पिताजी की बात नहीं मानता था। पहले पिता को लगता था कि 'बच्चा बिगड़ गया है' मगर फिर वह अनुवाद करता है कि 'बच्चा बड़ा हो रहा है।' इस तरह अनुवाद करने पर हो सकता है, एक इनसान को

उसका परिणाम मिले और दूसरे को कोई परिणाम न मिले। आपको जिस विचार से परिणाम आए, आपको वही करना है।

एक इनसान जिसकी उम्र बढ़ रही है, उसे कैसे विचार आना शुरू होते हैं ? 'उम्र के साथ इनसान को कई सारी बीमारियाँ हो जाती हैं।' यदि इस तरह बीमारियों का विचार आए तो इसका महाअनुवाद यह होगा कि 'मैंने बड़ी उम्र के तंदुरुस्त लोगों को भी देखा है और छोटी उम्र के बीमार नौजवानों को भी।' इसका अर्थ है कि स्वास्थ्य का उम्र से कोई लेना-देना नहीं है।

आपका विचार था कि 'मेरी उम्र बढ़ रही है तो क्या बीमारियाँ भी बढ़ेंगी ?' आपको पता नहीं है कि जब आप ऐसी पंक्तियाँ सोचकर उन पर विश्वास कर लेते हैं तो उसका भी परिणाम आता है। आपके जीवन में बीमारियाँ इसीलिए आती हैं, क्योंकि कहीं-न-कहीं आप मानकर बैठे हैं कि 'यह आनुवांशिक समस्या है, मेरे माता-पिता को भी थी तो मुझे भी हो सकती है।' वास्तव में जिस चीज का आपको यकीन होता है, आपको उसके सबूत मिलते हैं। इसलिए अपने सकारात्मक यकीन को टूटने न दें और महाअनुवाद करना सीखें।

कोई इनसान आपको गाली देकर जाए तो आप गाली को भी गीता बनाना सीखें। गाली का भी अनुवाद करें। जैसे किसी ने आपको गाली देते हुए 'हरामखोर' कहा। अब आपको महाअनुवाद करना है कि 'रामखोर' कहा है, इसमें 'ह' अक्षर को जोड़कर क्या लाभ! इसलिए आपका महाअनुवाद होगा, 'रामखोर' इसका अर्थ है, जो राम की खाता है और राम क्या खिलाता है, शबरी के बेर। इस तरह गाली भी आपके लिए ताली बन गई, गीता बन गई। यह आपके लिए बस एक उदाहरण था, ताकि आप महाअनुवाद करना सीख जाएँ।

जैसे किसी इनसान को विचार आए कि 'फलाँ रिश्तेदार बुरा इनसान है।' ऐसे में यह अनुवाद करना चाहिए कि 'यह रिश्तेदार बुरे इनसान का किरदार निभा रहा है और अच्छी तरह निभा रहा है। उसके लिए डायरेक्टर (ईश्वर) को धन्यवाद और किरदार को शाबास।' ऐसा सोचते ही नकारात्मक विचार का

असर तुरंत सकारात्मक भावना में बदल जाता है। सकारात्मक भावना आते ही आप स्वयं चुंबक बन जाते हैं। ऐसा चुंबक, जो सिर्फ खुशी को ही आकर्षित करता है यानी आप जो चाहते हैं, आपके जीवन में वही आएगा—स्वास्थ्य, प्रेम, आनंद और परमेश्वर। बस आपको चुंबक बनने की कला सीखनी है।

महाअनुवाद करने की कला में केवल आपको पंक्तियाँ बदलनी हैं। जैसे एक इनसान ईश्वर को कह रहा है, 'मुझे यह मिल जाए... वह मिल जाए... ताकि मैं खुशी से जीवन जी पाऊँ।' यदि इस बात का महाअनुवाद करेंगे तो वह कुछ इस तरह का होगा, 'हे भगवान्, मुझे ऐसा जीवन दो, जिससे मुझे जो कुछ मिला हुआ है, उसे मैं खुशी से देख पाऊँ, उसका खुशी से सही उपयोग कर पाऊँ।' अर्थात् एक इनसान कहता है, चीजें दो, ताकि मेरा जीवन खुशी से कटे, लेकिन जो महाअनुवाद करता है, वह अलग ढंग से सोचता है। उसके पास जो है, वह उसका बेहतर उपयोग करना चाहता है। जब आप ऐसा करेंगे तो अपनी भावना में फौरन सकारात्मक बदलाव महसूस करेंगे।

इसी तरह एक इनसान कहता है, 'यह मेरी हार है।' यदि वह इसका महाअनुवाद करे तो कहेगा कि 'यह जीत की शुरुआत है।' जब भी मन कहे, 'टेंशन है' तो महाअनुवाद करें कि 'यह टेंशन नहीं, इंटेंशन है यानी संकल्प है।' इसका अर्थ है कि आपको संकल्प लेना है।

महाअनुवाद करने से सुखद भावना का उदय होता है और इसका अर्थ है कि आपका अनुवाद सही हुआ है। यदि भावना नहीं बदली तो समझ जाएँ कि अनुवाद ठीक से नहीं हुआ है। ऐसा हो तो फिर से सोचें और इस बार नए ढंग से सोचें। इस तरह देखेंगे कि समझ जोड़कर केवल शब्द बदलते ही सबकुछ बदल जाएगा। संतुलित जीवन का संगीत लय, ताल के साथ सुरीला और आश्चर्यभरा बन जाएगा।

आइए अब कुछ ऐसी पंक्तियों का महाअनुवाद करना सीखें, जिन्हें रोजमर्रा के जीवन में हम कहीं-न-कहीं इस्तेमाल करते हैं। आप अपना महाअनुवाद बनाकर भी लिख सकते हैं या जो बना हुआ अनुवाद दिया गया है, उसे रोज कई बार दोहराकर धीरजवार द्वारा दु:ख से मुक्त हो सकते हैं।

1. दुःखद पंक्ति – मैं उदास हूँ
महाअनुवाद – मैं ईश्वर का दास हूँ
आपका
महाअनुवाद लिखें – उदाहरण : मैं अपने होने का एहसास हूँ

2. दुःखद पंक्ति – कितने सारे दुःख हैं
महाअनुवाद – खोजें, उनमें भी सुख है
आपका
महाअनुवाद लिखें – ....

3. दुःखद पंक्ति – मैं दुःखी हूँ
महाअनुवाद – मैं अनेकों से सुखी हूँ
मैं एक मुखी हूँ
आपका
महाअनुवाद लिखें – ....

4. दुःखद पंक्ति – कितनी गंदगी है
महाअनुवाद – मेरे विचारों में गंदगी है, जिन्हें बदलकर करनी मुझे बंदगी है
आपका
महाअनुवाद लिखें – ....

5. दुःखद पंक्ति – सारे जहाँ में कपट है
महाअनुवाद – ईश्वर तो तेरे निकट है, जिससे नहीं करना तुझे कपट है
आपका
महाअनुवाद लिखें – ....

6. दुःखद पंक्ति - कितनी अजीब माया है
महाअनुवाद - संसार की लीला में वही छाया है
आपका
महाअनुवाद लिखें - ....

7. दुःखद पंक्ति - सारे रिश्ते मतलब के हैं
महाअनुवाद - जान गया हूँ कि तू सब में है
आपका
महाअनुवाद लिखें - ....

8. दुःखद पंक्ति - यह किन कर्मों की सजा है
महाअनुवाद - समझ मिले मन को तो हर कर्म मजा है
आपका
महाअनुवाद लिखें - ....

9. दुःखद पंक्ति - मुझ पर हुआ है अत्याचार
महाअनुवाद - मेरे विचारों ने किया है मुझे लाचार, जिन्हें बदलकर मैं बंद करूँगा स्वयं पर अत्याचार
आपका
महाअनुवाद लिखें - ....

10. दुःखद पंक्ति - मुझे क्रोध आ रहा है
महाअनुवाद - मुझमें बुद्ध जाग रहा है
आपका
महाअनुवाद लिखें - ....

11. दुःखद पंक्ति – मैं द्वेष में हूँ
महाअनुवाद – मैं महेश (ईश्वर) में हूँ
आपका
महाअनुवाद लिखें – ....

12. दुःखद पंक्ति – मैं विकारी हूँ
महाअनुवाद – मैं निराकारी हूँ
आपका
महाअनुवाद लिखें – ....

13. दुःखद पंक्ति – मैं वासना से डरा हूँ
महाअनुवाद – मैं उपासना से भरा हूँ
आपका
महाअनुवाद लिखें – ....

14. दुःखद पंक्ति – मेरा शरीर बीमार है
महाअनुवाद – स्वास्थ्य मेरा जन्मसिद्ध अधिकार है
आपका
महाअनुवाद लिखें – ....

15. दुःखद पंक्ति – समय बहुत कम है
महाअनुवाद – मेरे इरादों में दम है
आपका
महाअनुवाद लिखें – ....

16. दुःखद पंक्ति – मेरे पास पैसे कम हैं
महाअनुवाद – 'सब भरपूर है', मेरे इस विचार में दम है

आपका
महाअनुवाद लिखें - ....

17. दु:खद पंक्ति - छोटा है घर मेरा
महाअनुवाद - जग सारा है घर मेरा
आपका
महाअनुवाद लिखें - ....

18. दु:खद पंक्ति - मुझमें काम जाग रहा है
महाअनुवाद - सत्य का नाम याद आ रहा है
आपका
महाअनुवाद लिखें - ....

19. दु:खद पंक्ति - मैं कामी हूँ
महाअनुवाद - मैं नामी हूँ
आपका
महाअनुवाद लिखें - ....

20. दु:खद पंक्ति - मुझमें हैं कई रोग
महाअनुवाद - असल में मैं तो हूँ निरोग
आपका
महाअनुवाद लिखें - ....

21. दु:खद पंक्ति - मेरा कोई नहीं सहारा
महाअनुवाद - अरे, ईश्वर जो है तुम्हारा
आपका
महाअनुवाद लिखें - ....

22. दु:खद पंक्ति - मैं तो हूँ बेचारा
महाअनुवाद - मैं हूँ रब का प्यारा
आपका
महाअनुवाद लिखें - ....

23. दु:खद पंक्ति - मेरे साथ ही ऐसा क्यों?
महाअनुवाद - क्योंकि मेरे साथ मैं (ईश्वर) जो हूँ
आपका
महाअनुवाद लिखें - ....

24. दु:खद पंक्ति - मुझे अधिक खाना खाने का है शौक
महाअनुवाद - कर जुबान से धीरज का योग
आपका
महाअनुवाद लिखें - ....

25. दु:खद पंक्ति - मेरा दिमाग गरम है
महाअनुवाद - लेकिन मूल स्वभाव तो मेरा नरम है
आपका
महाअनुवाद लिखें - ....

26. दु:खद पंक्ति - मैं बहुत सख्त हूँ
महाअनुवाद - मैं ईश्वर का भक्त हूँ
आपका
महाअनुवाद लिखें - ....

27. दु:खद पंक्ति - रखता नहीं कोई मेरा मान
महाअनुवाद - कौन हूँ मैं यह पहले जान

आपका
महाअनुवाद लिखें - ....

28. दुःखद पंक्ति - मैं हूँ बड़ा बेबस
महाअनुवाद - मुझमें है सत्य का रस, जिससे मैं हो जाऊँगा फोकस्ड
आपका
महाअनुवाद लिखें - ....

29. दुःखद पंक्ति - नकारात्मक विचारों ने है मुझे घेरा
महाअनुवाद - दिल में रख रब का बसेरा, जिससे टूटेगा नकारात्मक विचारों का घेरा
आपका
महाअनुवाद लिखें - ....

30. दुःखद पंक्ति - ईश्वर है मुझसे दूर
महाअनुवाद - मुझमें है ईश्वर का नूर
आपका
महाअनुवाद लिखें - ....

31. दुःखद पंक्ति - मेरे ऊपर चढ़ा है कर्ज
महाअनुवाद - कर्ज नहीं है मर्ज, जिसे चुकाना है तेरा फर्ज
आपका
महाअनुवाद लिखें - ....

32. दुःखद पंक्ति - मुझे दुनिया क्यों रुलाती है
महाअनुवाद - ईश्वर ही है, यह याद दिलाती है

आपका
महाअनुवाद लिखें - ....

33. दु:खद पंक्ति - मुझे आ रहा है रोना
महाअनुवाद - खुशी को मुझे नहीं है खोना
आपका
महाअनुवाद लिखें - ....

34. दु:खद पंक्ति - कितना भ्रष्टाचार है फैला
महाअनुवाद - विचारों से भ्रष्टाचार मिटाकर ईमानदारी को तू ला
आपका
महाअनुवाद लिखें - ....

35. दु:खद पंक्ति - कितनी बढ़ी है महँगाई
महाअनुवाद - अपनी कीमत जानने की घड़ी है आई
आपका
महाअनुवाद लिखें - ....

36. दु:खद पंक्ति - इनसान कितना बदल गया है
महाअनुवाद - 'यह भी बदल जाएगा' यह ज्ञान है
आपका
महाअनुवाद लिखें - ....

37. दु:खद पंक्ति - कोई दे रहा है मुझे धोखा
महाअनुवाद - ढूँढ़ उसमें है छिपा मौका
आपका

महाअनुवाद लिखें - ....

38. दु:खद पंक्ति - लोग मुझे चिढ़ाते हैं
महाअनुवाद - अनजाने में मेरा हौसला बढ़ाते हैं
आपका
महाअनुवाद लिखें - ....

39. दु:खद पंक्ति - दुनिया में कितना गम है
महाअनुवाद - सिर्फ समझ बढ़ाने का कर्म है
आपका
महाअनुवाद लिखें - ....

40. दु:खद पंक्ति - मैं हूँ अकेला
महाअनुवाद - जग ईश्वर का मेला
आपका
महाअनुवाद लिखें - ....

41. दु:खद पंक्ति - मुझसे सब नाराज हैं
महाअनुवाद - इसमें छिपा जीवन का राज है
आपका
महाअनुवाद लिखें - ....

42. दु:खद पंक्ति - करते हैं मुझे सब तंग
महाअनुवाद - करते हैं मेरा हौसला बुलंद रब तो है मेरे संग
आपका
महाअनुवाद लिखें - ....

43. दुःखद पंक्ति - मैं हूँ अनाथ
महाअनुवाद - संग है मेरे नाथों का नाथ
आपका
महाअनुवाद लिखें - ....

44. दुःखद पंक्ति - लगता है मुझे बहुत डर
महाअनुवाद - तन-मन है ईश्वर का घर
आपका
महाअनुवाद लिखें - ....

45. दुःखद पंक्ति - कहीं मैं मर न जाऊँ
महाअनुवाद - कुल-मूल लक्ष्य पूरा कर जाऊँ
आपका
महाअनुवाद लिखें - ....

46. दुःखद पंक्ति - मुझे कोई नहीं पूछता
महाअनुवाद - सब में है ईश्वर, वही है मुझे खोजता
आपका
महाअनुवाद लिखें - ....

47. दुःखद पंक्ति - मैं तो बरबाद हो गया
महाअनुवाद - रब की पनाह में आबाद हो गया
आपका
महाअनुवाद लिखें - ....

48. दुःखद पंक्ति - मेरी डूब गई नैया है
महाअनुवाद - ईश्वर पर विश्वास है, वही मेरा खेवैया है

आपका
महाअनुवाद लिखें - ....

49. दुःखद पंक्ति - मैं हो गया हूँ मजबूर
महाअनुवाद - क्योंकि खुद से हो गया हूँ दूर
आपका
महाअनुवाद लिखें - ....

50. दुःखद पंक्ति - मैं हो रहा हूँ सुस्त
महाअनुवाद - कर रब को याद और हो जा चुस्त
आपका
महाअनुवाद लिखें - ....

51. दुःखद पंक्ति - मैं हूँ कुरूप
महाअनुवाद - फिर भी हूँ मालिक का रूप
आपका
महाअनुवाद लिखें - ....

52. दुःखद पंक्ति - ये सब मैंने बनाया है
महाअनुवाद - लेकिन तुझे तो ईश्वर ने बनाया है इस तरह सब ईश्वर से आया है
आपका
महाअनुवाद लिखें - ....

53. दुःखद पंक्ति - सब तरफ फैली है शैतानी शक्तियाँ
महाअनुवाद - सब हैं उस ईश्वर की हस्तियाँ
आपका
महाअनुवाद लिखें - ....

54. दुःखद पंक्ति - सब लोग यहाँ हैं जालसाज
महाअनुवाद - वे सब हैं ईश्वर के सुर और साज
आपका
महाअनुवाद लिखें - ....

55. दुःखद पंक्ति - बहुत हो रहा है बोर
महाअनुवाद - चलो ईश्वर की ओर
आपका
महाअनुवाद लिखें - ....

56. दुःखद पंक्ति - मैं बन गई हूँ विधवा
महाअनुवाद - अपने असली सुहाग की शरण जा
आपका
महाअनुवाद लिखें - ....

57. दुःखद पंक्ति - यह जीना भी कोई जीना है ?
महाअनुवाद - जीवन का हर जाम हँसकर पीना है
आपका
महाअनुवाद लिखें - ....

58. दुःखद पंक्ति - यहाँ तो सब चोर हैं
महाअनुवाद - लेकिन मालिक की बगिया के मोर हैं
आपका
महाअनुवाद लिखें - ....

59. दुःखद पंक्ति - मुझे सब करते हैं तंग
महाअनुवाद - जल्दी जा तू सत्संग और अभी गा तू अभंग

आपका
महाअनुवाद लिखें – ....

60. दुःखद पंक्ति – मेरे निकल रहे हैं आँसू
महाअनुवाद – खुद को जानकर क्यों न मैं हँसू
आपका
महाअनुवाद लिखें – ....

61. दुःखद पंक्ति – मेरा कहीं हो न जाए अंत
महाअनुवाद – अपने आपको जानकर मैं हो जाऊँगा अनंत
आपका
महाअनुवाद लिखें – ....

62. दुःखद पंक्ति – मैं तो हूँ अपंग
महाअनुवाद – यह ईश्वर की लीला का है एक रंग
आपका
महाअनुवाद लिखें – ....

63. दुःखद पंक्ति – उसके घर है अंधेर
महाअनुवाद – फिर भी नहीं है देर, केवल समझ का है फेर
आपका
महाअनुवाद लिखें – ....

64. दुःखद पंक्ति – कितना फैला है अज्ञान का अँधेरा
महाअनुवाद – होगा तेजज्ञान का सवेरा
आपका
महाअनुवाद लिखें – ....

65. दुःखद पंक्ति - मैं हूँ कितना अकेला
महाअनुवाद - बन सद्गुरु का चेला और लगा ले भक्तों का मेला
आपका
महाअनुवाद लिखें - ....

66. दुःखद पंक्ति - मेरे साथ हुआ है अनर्थ
महाअनुवाद - खोजोगे तो मिलेगा उसमें भी अर्थ
आपका
महाअनुवाद लिखें - ....

67. दुःखद पंक्ति - सारे टीचर मेरे दुश्मन हैं
महाअनुवाद - सारे दुश्मन मेरे टीचर हैं
आपका
महाअनुवाद लिखें - ....

68. दुःखद पंक्ति - मैं तो हूँ अपराधी
महाअनुवाद - सकारात्मक विचारों का मैं हो जाऊँ आदी तो नहीं रहूँगा अपराधी
आपका
महाअनुवाद लिखें - ....

69. दुःखद पंक्ति - हो रहा है अमंगल
महाअनुवाद - ईश्वर बैठा है मेरे बगल
आपका
महाअनुवाद लिखें - ....

70. दुःखद पंक्ति - मैं तो हूँ अभागा
महाअनुवाद - समझ बढ़ी तो मेरा भाग्य है जागा
आपका
महाअनुवाद लिखें - ....

71. दुःखद पंक्ति - मेरा जीवन है अभिशाप
महाअनुवाद - कर प्रभु का तू जाप
आपका
महाअनुवाद लिखें - ....

72. दुःखद पंक्ति - मन करता है पीऊँ एक जाम
महाअनुवाद - न उतरे उम्रभर नशा ऐसा ले ईश्वर का नाम
आपका
महाअनुवाद लिखें - ....

73. दुःखद पंक्ति - कितनी फैली हैं अफवाह
महाअनुवाद - कर सिर्फ रब की वाह-वाह
आपका
महाअनुवाद लिखें - ....

74. दुःखद पंक्ति - कुछ नहीं हो रहा मेरे मन अनुसार
महाअनुवाद - खुद को तू न भूल तो होगा बेड़ा पार
आपका
महाअनुवाद लिखें - ....

75. दुःखद पंक्ति - मैं तो गया हार
महाअनुवाद - हार-जीत के परे है जीवन का सार

आपका
महाअनुवाद लिखें - ....

76. दुःखद पंक्ति - मुझे मिल रही है गाली
महाअनुवाद - गा ले ईश्वर की कव्वाली
आपका
महाअनुवाद लिखें - ....

77. दुःखद पंक्ति - मेरे हैं सब दुश्मन
महाअनुवाद - सबसे बड़ा दुश्मन है मेरा मन
आपका
महाअनुवाद लिखें - ....

78. दुःखद पंक्ति - कहीं जाऊँ न मैं मर
महाअनुवाद - तू तो है अमर
आपका
महाअनुवाद लिखें - ....

79. दुःखद पंक्ति - कितना है हर तरफ शोर
महाअनुवाद - उसमें भी तो है मौन का बड़ा जोर
आपका
महाअनुवाद लिखें - ....

80. दुःखद पंक्ति - दिल करता है भोगूँ कोई भोग
महाअनुवाद - उस वक्त तू कर रब संग योग
आपका
महाअनुवाद लिखें - ....

81. दु:खद पंक्ति - मान्यताओं का है अंधकार
महाअनुवाद - यह भी तो है ईश्वर का प्यार
आपका
महाअनुवाद लिखें - ....

82. दु:खद पंक्ति - मैला है मेरा तन और मन
महाअनुवाद - कृपा और भक्ति से ही होगा रब से मिलन
आपका
महाअनुवाद लिखें - ....

83. दु:खद पंक्ति - कितना मोटा है मेरा स्वर
महाअनुवाद - यह तो है ईश्वर का असर
आपका
महाअनुवाद लिखें - ....

84. दु:खद पंक्ति - मेरा हो रहा है पतन
महाअनुवाद - असल में तो तू है चैतन्य
आपका
महाअनुवाद लिखें - ....

85. दु:खद पंक्ति - मुझे सब है पता
महाअनुवाद - हर तरफ है रब की सत्ता
आपका
महाअनुवाद लिखें - ....

86. दु:खद पंक्ति - मेरी हालत है खराब
महाअनुवाद - रब है हकीकत, तू है ख्वाब

आपका
महाअनुवाद लिखें – ....

87. दु:खद पंक्ति – मन करता है दे दूँ अपनी जान
महाअनुवाद – मानव जनम कृपा से मिला, मत कर रब का अपमान
आपका
महाअनुवाद लिखें – ....

88. दु:खद पंक्ति – मन को नहीं आता है चैन
महाअनुवाद – जप ले हरि नाम दिन और रैन
आपका
महाअनुवाद लिखें – ....

89. दु:खद पंक्ति – मैंने किए हैं कई पाप
महाअनुवाद – भक्ति से मिटेंगे सारे अपने आप
आपका
महाअनुवाद लिखें – ....

90. दु:खद पंक्ति – दुनिया है बड़ी जालिम
महाअनुवाद – पर है साथ प्रभु की तालिम
आपका
महाअनुवाद लिखें – ....

91. दु:खद पंक्ति – जाग रही है मुझमें नफरत
महाअनुवाद – हर एक में देख अपनी सूरत
आपका
महाअनुवाद लिखें – ....

92. दु:खद पंक्ति - कहीं न माँगनी पड़े भीख
महाअनुवाद - उसमें भी होगी ईश्वर की सीख
आपका
महाअनुवाद लिखें - ....

93. दु:खद पंक्ति - रिश्ते क्यों हैं सारे बिगड़ते
महाअनुवाद - समझ बढ़ी तो वे ही रिश्ते हैं सँवरते
आपका
महाअनुवाद लिखें - ....

94. दु:खद पंक्ति - सब लोग हैं भ्रम में
महाअनुवाद - लेकिन तू तो है ब्रह्म में
आपका
महाअनुवाद लिखें - ....

95. दु:खद पंक्ति - माया ने है मुझे घेरा
महाअनुवाद - कर ईश्वर के चरणों में तू डेरा
आपका
महाअनुवाद लिखें - ....

96. दु:खद पंक्ति - इतने लोग क्यों हैं पीड़ित
महाअनुवाद - उनके लिए तो तू है अब तक जीवित
आपका
महाअनुवाद लिखें - ....

97. दु:खद पंक्ति - कोई नहीं है मददगार
महाअनुवाद - तू बस रब को पुकार

आपका
महाअनुवाद लिखें - ....

98. दुःखद पंक्ति - मुझसे अब होता नहीं सहन
महाअनुवाद - नकली चेहरा उतार असली चेहरा पहन
आपका
महाअनुवाद लिखें - ....

99. दुःखद पंक्ति - सब रिश्तों में है मतलब
महाअनुवाद - अब रब से रिश्ते की कर तलब
आपका
महाअनुवाद लिखें - ....

100. दुःखद पंक्ति - लगता है आनेवाला है दुनिया का अंत
महाअनुवाद - अब कैसे आएगा अब तक मौजूद हैं इतने संत
आपका
महाअनुवाद लिखें - ....

101. दुःखद पंक्ति - लोग करते हैं मुझ पर इमोशनल अत्याचार
महाअनुवाद - भावनात्मक परिपक्व बनना है मेरा अधिकार
आपका
महाअनुवाद लिखें - ....

102. दुःखद पंक्ति - मेरी क्षमताओं को कोई नहीं मानता
महाअनुवाद - खुद को और अपनी क्षमताओं को मैं हूँ अच्छी तरह जानता
आपका
महाअनुवाद लिखें - ....

103. दुःखद पंक्ति - मेरा साथ हुआ है अन्याय
महाअनुवाद - खोज कर, मैं अपने साथ तो कर सकता हूँ न्याय
आपका
महाअनुवाद लिखें - ....

104. दुःखद पंक्ति - मुझमें हैं कई विकार
महाअनुवाद - पर शरीर के पार मैं हूँ निराकार
आपका
महाअनुवाद लिखें - ....

105. दुःखद पंक्ति - कितनी आ रही है दुर्गंध
महाअनुवाद - उसमें भी तू ढूँढ़ सुगंध
आपका
महाअनुवाद लिखें - ....

106. दुःखद पंक्ति - सब में दिख रहा है असंतोष
महाअनुवाद - क्योंकि मुझमें ही है दोष, कर खोज
आपका
महाअनुवाद लिखें - ....

107. दुःखद पंक्ति - सब तरफ है अशांति
महाअनुवाद - ये है मेरी ही भ्रांति, गुड मॉर्निंग शांति (पीस)
आपका
महाअनुवाद लिखें - ....

108. दु:खद पंक्ति – मेरा हो गया पोपट
महाअनुवाद – अंदर के खोल तू पट
आपका
महाअनुवाद लिखें – ....

109. दु:खद पंक्ति – मेरे पीछे पड़ी पनौती है
महाअनुवाद – यह तो एक बड़ी चुनौती है
आपका
महाअनुवाद लिखें – ....

110. दु:खद पंक्ति – मुझे क्यों मिल रहा है नकारात्मक प्रतिसाद
महाअनुवाद – यह है उस मालिक का प्रसाद
आपका
महाअनुवाद लिखें – ....

111. दु:खद पंक्ति – मेरे साथ हो रहा सब वर्स्ट है
महाअनुवाद – आगे केवल बेस्ट है, क्योंकि आज बेस्टेस्ट है
आपका
महाअनुवाद लिखें – ....

इस भाग में दी गई नकारात्मक पंक्तियाँ आप अपने जीवन में कभी-न-कभी इस्तेमाल करते हैं। जब भी ऐसी पंक्तियाँ विचारों में आएँ तो तुरंत धीरज का वार प्रहार करें, यानी उनका महाअनुवाद करें। जरूरी नहीं है कि जो महाअनुवाद दिया गया है, आप उसी तरह वही महाअनुवाद करें। आप अपने शब्दों में भी महाअनुवाद कर सकते हैं। हर पंक्ति के महाअनुवाद के बाद, उसके नीचे दी गई रेखा पर आप अपना महाअनुवाद लिखें या यदि आप उसी महाअनुवाद से सहमत हैं, जो दिया गया है तो नीचे की खाली

रेखा में कुछ न लिखें। उपरोक्त महाअनुवाद केवल आपकी मदद के लिए हैं। जिन्हें पढ़कर आप अपने सारे दुःखद विचारों का भी महाअनुवाद करना सीख जाएँगे।

नीचे दी गई पंक्तियों का महाअनुवाद आप करें

1. दुःखद पंक्ति – मेरे घरवाले मुझसे हैं नाखुश
   महाअनुवाद – ....

2. दुःखद पंक्ति – किसी को नहीं है मेरी कदर
   महाअनुवाद – ....

3. दुःखद पंक्ति – कब बदलेंगी ये गड्ढोंवाली सड़कें
   महाअनुवाद – ....

4. दुःखद पंक्ति – मैं कभी कुछ नहीं कर पाऊँगा
   महाअनुवाद – ....

5. दुःखद पंक्ति – आज नौकरी में टिके रहना है कितना मुश्किल
   महाअनुवाद – ....

6. दुःखद पंक्ति – मेरे बॉस नहीं हैं अच्छे
   महाअनुवाद – ....

7. दुःखद पंक्ति – मुझे अच्छी नौकरी क्यों नहीं मिलती
   महाअनुवाद – ....

8. दु:खद पंक्ति – मैं कितना हूँ बेबस
महाअनुवाद – ....

9. दु:खद पंक्ति – लोग मेरी नहीं सुनते
महाअनुवाद – ....

10. दु:खद पंक्ति – मैं कितना ज्ञानी हूँ
महाअनुवाद – ....

❐

परिशिष्ट

क्या आप हर सप्ताह के पहले छह दिन काँटेदार पेड़ बोते हैं और फिर रविवार को चर्च जाकर उनके न उगने की प्रार्थना करते हैं?

—फ्रेड एलन

‘विजेता पर्वतारोही जानते हैं कि शिखर तक पहुँचने का कोई शॉर्टकट नहीं होता। वह एक बार में एक-एक कदम उठाकर पर्वत शिखर तक पहुँचते हैं। वहाँ पहुँचने के लिए वह हेलिकॉप्टर का इस्तेमाल नहीं करते हैं!’

—जूडी एडलर

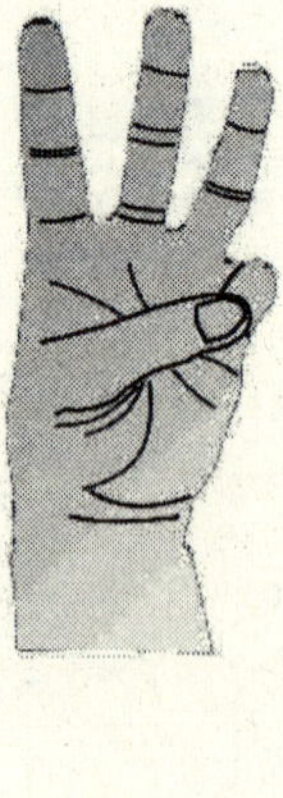

परिशिष्ट 1

आत्मसंयम प्रयोग

ध्यान और धीरज

अधैर्य : मेरी क्षमताओं को कोई नहीं मानता
धीरजवार : खुद को और अपनी क्षमताओं को मैं अच्छी तरह जानता हूँ

इस प्रयोग में आपको अपना आत्मसंयम बढ़ाने के लिए कुछ करने या न करने का निर्णय लेना है और उसे पूरा करना है। यह आँखें बंद करके किया जानेवाला ध्यान नहीं है बल्कि घटनाओं के दौरान आपको आत्मसंयम ध्यान करना है। इस ध्यान को समझने के लिए उदाहरण के तौर पर कुछ घटनाएँ यहाँ दी जा रही हैं। इन्हें समझते हुए आगे बढ़ें।

आत्मसंयम प्रयोग के लिए कुछ घटनाएँ :

1. खाना खाते वक्त आपकी थाली में दो गुलाबजामुन हैं। इनमें से एक आप खा चुके हैं। इस वक्त आप आत्मसंयम ध्यान कर सकते हैं और दूसरा गुलाबजामुन थाली में छोड़कर खाना खत्म कर सकते हैं। हालाँकि गुलाबजामुन बहुत लजीज है और आपको पसंद है, मगर आत्मसंयम बढ़ाने के लिए दूसरा गुलाबजामुन न खाएँ और

स्वयं को रोके रखें।

2. टी.वी. पर क्रिकेट मैच चल रहा है और वह बहुत ही रोमांचक मोड़ पर आ गया है। आत्मसंयम ध्यान करते हुए मैच को उसी वक्त छोड़कर कमरे से बाहर जाएँ। अपनी पसंदीदा घटना में भी आपको यह ध्यान जरूर करना है, ताकि मन पर आपका नियंत्रण बढ़ पाए, तभी आप धीरज की शक्ति का पूर्ण लाभ ले पाएँगे।
3. अच्छी खबर सुनने के बाद खुशी से झूमने के बजाय शांत रहते हुए सामनेवाले की बातें सुनें और उसे धन्यवाद दें।
4. बिना पूछे सलाह देने की इच्छा को तुरंत रोकें, धैर्य रखें और शांत बनकर सामनेवाले की पूरी बात सुनते रहें।
5. किसी की टाँग खींचने की या उसे ताना मारने या उसका मजाक उड़ाने की इच्छा हो तो उसे तुरंत रोकें।
6. रोज रात को सोने से पहले स्वयं से पूछें, 'मैं एक और कौन सा कार्य कर सकता हूँ?' और उस कार्य को जरूर पूरा करें। आत्मसंयम बढ़ाने के लिए यह बेहतरीन तकनीक है। हालाँकि उस वक्त मन आनाकानी करेगा और कहेगा, 'इस समय कोई कार्य कैसे किया जा सकता है? यह तो सोने का समय है? वगैरह-वगैरह।' फिर भी आपको एक कार्य चुनकर उसे जरूर पूरा करना है। समय का खयाल रखते हुए तथा व्यावहारिक ज्ञान (कॉमन सेंस) का इस्तेमाल करते हुए कार्य चुनें और उसे पूरा करें।
7. आत्मसंयम बढ़ाने और आलस्य मिटाने के लिए किसी दिन एक या दो नए कार्यों की शुरुआत करें, जो आपको लगता है कि दूसरे दिन भी किए जा सकते हैं।
8. अपने डर को चुनौती देने के लिए किसी अनजान व्यक्ति से बात करें या कहीं पर भाषण देने का निमंत्रण स्वीकार करें। हो सकता है, यह कार्य करते हुए मन को असुरक्षित या अस्वस्थ लगे, मगर यह चुनौतियाँ आपका विश्वास और आत्मसंयम बढ़ाने में चार

चाँद लगाएँगी।

9. आत्मसंयम बढ़ाने के लिए किसी कार्यक्रम या सेमिनार के आयोजन की जिम्मेदारी लें। ऐसे मौकें आपका आत्मसंयम बढ़ाने का सुनहरा अवसर है।

आत्मसंयम ध्यान किन जगहों, घटनाओं और वातावरण में किया जा सकता है, इसके कुछ उदाहरण यहाँ आपने पढ़ें। सुविधा के अनुसार आप यह ध्यान किसी भी समय और वातावरण में कर सकते हैं। अपने शरीर और मन की अवस्थाओं को पहचानते हुए कई तरह की अलग-अलग घटनाओं में इस ध्यान का प्रयोग किया जा सकता है। इसके जरिए आपके आत्मसंयम में वृद्धि होगी और आप सहजता से अपने मन के मालिक बन पाएँगे।

संगीत ध्यान प्रयोग

1. एक स्वच्छ आसन पर बैठकर, अपनी आँखें बंद करें। फिर तर्जनी और अँगूठे को जोड़कर ध्यान मुद्रा धारण करें या सुविधा के अनुसार स्वयं के लिए चुनी हुई मुद्रा में बैठें।
2. अब मन-ही-मन बाँसुरी की धुन सुनें। हकीकत में बाहर कहीं भी बाँसुरी नहीं बज रही है। जिस तरह आप किसी चलचित्र या अलबम का गीत मन में सुनते हैं, उसी तरह मन में बाँसुरी की आवाज सुनें।
3. अगर बीच में ढोलक की आवाज सुनाई दे तो उसे न सुनते हुए सिर्फ बाँसुरी की धुन पर ध्यान केंद्रित करें।
4. बाँसुरी की धुन का आनंद लेते हुए कुछ देर तक यह ध्यान जारी रखें।

6. ध्यान के दौरान ऐसा हो सकता है कि शुरुआत में आप बाँसुरी की धुन सुन पा रहे हैं, मगर बीच में ही वह धुन गायब हो जाती है। तब फिर से उसी धुन को सहज सुनने की कोशिश करें।

5. अब धीरे-धीरे आँखें खोलें।

जिन लोगों ने बाँसुरी की धुन पहले कई बार सुनी होगी, उनके लिए यह ध्यान करना आसान होगा, लेकिन जिन लोगों ने यह धुन बहुत कम बार सुनी होगी, उनके लिए यह कठिन हो सकता है।

संगीत ध्यान प्रयोग में हर बार ध्वनि बदलते रहें। जैसे किसी दिन ढोलक की आवाज सुनें तो कभी पियानो की। आप हर दिन अलग-अलग स्वर सुन सकते हैं। इस ध्यान से आपकी एकाग्रता शक्ति बढ़ेगी।

❐

परिशिष्ट 2

गो-डाउन इनसाइड

यात्रा बुद्धि से हृदय तक

अधैर्य : मेरा कहीं हो न जाए अंत

धीरजवार : अपने आपको जानकर मैं हो जाऊँगा अनंत

संतुलित जीवन संगीत की यात्रा में अब तक आप अलग-अलग पड़ावों से गुजरते आ रहे हैं। जिनमें आपने वेट, वॉच विथ वंडर की कला सीखकर, धीरज के धनवान बनने की ओर अपना अगला कदम बढ़ाया। अब यह समझ धारण करें कि जिस तरह संगीत को सुरीला बनाने में सात सुरों की सरगम महत्त्वपूर्ण भूमिका अदा करती है, उसी तरह जीवन संगीत को मधुर बनाने के लिए अनुभव समझ आवश्यक होती है। तो आइए, जानते हैं एक ऐसे ही महत्त्वपूर्ण समझ के बारे में, जिसे बाहरी जगत् में इस्तेमाल किए जानेवाले गोडाउन के रूप में प्रस्तुत किया गया है।

जैसा कि आप जानते ही है, बाहरी जगत् में बड़े-बड़े व्यापारियों के पास अपने सामान का संचय और संग्रह करने हेतु एक बड़ा सा गोडाउन होता है, उसी तरह आंतरिक जगत् का एक बड़ा सा गोडाउन है, जिसमें हर दिन बाहर से कुछ सामान अंदर आता है और अंदर से कुछ सामान बाहर जाता है। मान लें, सालों से आप ऐसे गो-डाउन में रहते आएँ हैं और रात में उसी गो-डाउन

में रखे गए सामान के बोरों पर आप सो जाते हैं। अब आपकी गो-डाउन में ही सोने की आदत हो चुकी है, इसलिए बाहर की दुनिया में क्या चल रहा है, यह आपको पता तक नहीं चलता। लेकिन एक दिन आपके साथ एक आश्चर्य की घटना होती है। घटना की रात आप गो-डाउन के अंदर सोए हुए थे और सुबह आँख खोलने पर आपने स्वयं को गो-डाउन के बाहर खाट पर सोया हुआ पाया। उस सुबह आप बहुत अच्छा महसूस करते हैं। इतने सालों से आप गो-डाउन में अलग-अलग सामान के बोरों पर सोते थे। लेकिन एक सुबह आपने उस गो-डाउन के बाहर आकर देखा तो आपको वह अनुभव आजादी देनेवाला लगा। यहाँ पर सामान का हर बोरा, लोगों की अलग-अलग कथाएँ और आदतों का प्रतीक है।

गो-डाउन का अर्थ है—बुद्धि से हृदय तक जाना यानी गो-डाउन (Go Down)। जब आप बुद्धि से हृदय तक नीचे आते हैं तब आपको स्वयं की याद दिलाई जाती है। फिर आप बुद्धि से बाहर निकल पाते हैं और बाहर निकलने का रास्ता आपको मिल जाता है। लेकिन आपकी आदतें आपको गो-डाउन से बाहर आने के लिए रोकती हैं। एक दिन आप गो-डाउन से बाहर आ भी गए, मगर एक दिन में सालों की आदत नहीं छूटती। आदतवश आप वही पुरानी बातें दोहराते हैं। जैसे गो-डाउन के बाहर सुबह आपको अच्छा महसूस हुआ। फिर आपने अपने पुराने तरीके से काम करना शुरू किया। गो-डाउन से कुछ सामान बाहर भेजा गया और कुछ नया सामान गो-डाउन में रखवाया। मगर सामान रखते हुए नए सामान के साथ आप भी कब गो-डाउन के अंदर जाकर बैठ गए, इसका आपको पता तक न चला अर्थात् जो इनसान गो-डाउन में आनेवाले और बाहर जानेवाले सामान का हिसाब-किताब रख रहा है, वह खुद भी सामान के साथ अंदर घुस जाता है और सो जाता है। फिर अचानक उसे याद आता है कि बाहर सोने में ज्यादा आनंद आया था। ऐसा आनंद, जो उसने पहले कभी नहीं महसूस किया था।

आइए, अब उपरोक्त एनालॉजी में छिपे प्रतीकों की भाषा पर एक नजर दौड़ाते हैं।

जब आपको शरीर के बाहर का अनुभव प्राप्त होता है तब पता चलता है कि शरीर की वजह से आपको स्वयं का पता चल रहा है। वरना शुरुआत में आप स्वयं को शरीर के अंदर मानकर ही जीते हैं कि 'मैं शरीर के अंदर हूँ।' समझ प्राप्त होने के बाद पता चलता है कि अपना होना शरीर की वजह से ही पता चलता है। लेकिन आप शरीर नहीं हैं, हालाँकि शुरुआत में आप समझ नहीं पाते, इसलिए शरीर के अंदर भी बोरों पर सो जाते हैं, यानी बुद्धि में जाकर बैठते हैं। आप सारे बोरों को एक-दूसरे के ऊपर जमा करके खुद सबसे ऊपर के बोरे पर जाकर बैठ जाते हैं यानी हेड में रहकर जीवन जीते हैं। जब आप कुछ समय के लिए बाहर आते हैं तो आनंद महसूस करते हैं, लेकिन सामान अंदर ले जाते समय वही पुरानी गलती दोहराते हैं। फिर याद आता है कि 'मैं तो गोडाउन के बाहर हूँ' तब तुरंत आप बाहर आकर सोते हैं।

शुरुआत में आप अपनी खाट गो-डाउन के बाहरी दीवार के साथ चिपकाकर रखते थे और वहीं सोते थे। फिर एक दिन यूरेका इफेक्ट होता है और आप महसूस करते हैं कि खाट और दीवार के बीच थोड़ी दूरी आ गई, अंतर आ गया। गो-डाउन के अंदर जितने ज्यादा बोरे जाते हैं, गो-डाउन उतना ही ज्यादा आपको खींचता है। अब ऐसा कार्य किया जाना चाहिए, जिससे गो-डाउन के अंदर के बोरे कम हो जाएँ। जितने बोरे कम होते जाएँगे, आप उतना ज्यादा आजादी का अनुभव कर पाएँगे। इसलिए धीरे-धीरे आपको अंदर के बोरे कम करने की कला सीखनी है।

ध्यान में आप आंतरिक गो-डाउन खाली करने का ही काम करते हैं। कुछ बोरे कम होते हैं तो आप साक्षी भाव से बैठ पाते हैं। इस भाव से धीरे-धीरे बोरे और कम होते जाते हैं। आज़ादी मिलने के बाद आपको पता चलता है कि यह बोरे आपको स्वयं के साथ चिपका देते हैं। तब आप खाली होने का कार्य शुरू करते हैं। इसके लिए आप खोज करते हैं कि 'मैं किन चीजों से भरा हूँ और कौन सी साधना करने से मैं खाली हो सकता हूँ' तो आप आसानी से काम कर पाते हैं, ध्यान में बैठ पाते हैं।

जब आप ध्यान में बैठते हैं तब आपको यह पता नहीं चलता कि ध्यान में

निश्चित क्या चल रहा है। इसलिए ध्यान में निरंतरता नहीं रहती। लेकिन समय के साथ यह बात सामने आती है कि ध्यान में रोज बैठने से आपका गो-डाउन खाली होता जा रहा है। और स्वयं के अनुभव पर रहना सहज हो गया है।

जब आप अपने अनुभव पर रहते हैं यानी गो-डाउन के बाहर थोड़ा भी समय बैठते हैं तब गो-डाउन अंदर से खाली होने लगता है। हालाँकि आपको उस समय ऐसा लग सकता है कि 'आज मैं बाहर बैठा तो कुछ भी नहीं हो रहा है' लेकिन अंदर काम चल रहा होता है। जैसे-जैसे गो-डाउन खाली होता जाएगा, वैसे-वैसे खाट जो पहले गो-डाउन से चिपकी हुई थी, दूर होती नजर आएगी। इसका अर्थ है, शरीर के साथ अब तक जो चिपकाव था, वह टूटता जा रहा है। 'मैं गो-डाउन हूँ' (मैं शरीर हूँ) की मान्यता विलीन होती जा रही है।

जब आप अनुभव पर रहते हैं तब पता चलता है कि 'मैं अलग हूँ और शरीर रूपी गो-डाउन अलग है।' गो-डाउन और खाट के बीच की गैप को आप देख पाए तो चाहेंगे कि गो-डाउन जल्द से जल्द खाली हो। ऐसे में यदि गो-डाउन पूरा खाली नहीं हो पाए, फिर भी आप अपना आनंद ले पाएँगे, स्वयं के अनुभव पर रह पाएँगे। लेकिन गो-डाउन में जो थोड़ा-बहुत सामान रहता है, उसकी वजह से खिंचाव भी बना रहता है। इसलिए आपको अपने अनुभव पर रहने की कोशिश करनी पड़ती है, जबकि अनुभव पर रहना सहजता से होना चाहिए।

उदाहरण के लिए, एक आईना है, जिसके सामने खड़े होने से वह आपको खींचता है। जरा सोचें, आप उसमें अपना प्रतिबिंब कैसे देख पाएँगे? लेकिन आप यदि जानते हैं कि एक निश्चित दूरी पर खड़े रहने से उसका खिंचाव खत्म होता है तो उस दूरी को बनाए रखकर आप सहजता से आईने के सामने खड़े होते हैं, अपना दर्शन करते हैं, बालों को सजाते-सँवारते हैं। अब आईने की तरफ से कोई खिंचाव नहीं होता। सब सहजता से हो जाता है। यही अभ्यास आपको शरीर के साथ करना है। ऐसी सहजता ध्यान में बैठने से प्राप्त होती है। इसलिए जब-जब मौका मिले, ध्यान में बैठें। ध्यान

में समझ के साथ आप खाली होते हैं। अत: ध्यान में बैठने के लिए मन जब आनाकानी करे तब उससे कहें कि 'मुझे मेरा ही काम करना है। अभी मैं सहजता से अनुभव करना चाहता हूँ।' यदि स्वयं के अनुभव पर रहने के लिए आज प्रयास करने पड़ रहे हैं तो बिना प्रयास के भी यह कार्य कैसे हो, यह कोशिश करें। फिर अभिव्यक्ति में गो-डाउन से कोई बाधा नहीं आएगी।

ध्यान में समझ का होना अति आवश्यक है। बिना समझ के किया गया ध्यान, न करने जैसा ही है। कई ध्यान-विधियों से बहुत सारे लाभ होते हैं लेकिन मूल लाभ, तेजलाभ नहीं होता, जो लाभ और हानि के परे है। इसलिए स्वयं के लिए यह परखें कि ध्यान करते हुए मेरी 'मैं शरीर नहीं हूँ' की दृढता (कंविक्शन) बढ़ रही है या नहीं, जो विचार आया उसे कैसे देखा गया··· क्या मानकर देखा गया··· किस मान्यता से देखा गया? अंतत: ध्यान में मूलभूत रूप से समझ और दृढता का महत्त्व है। जिसके अभ्यास से आप मधुर जीवन के संगीतकार बनते हैं।

❐

परिशिष्ट 3

जीवन दर्पण

हमारा धीरज, हमारी घोषणा

अधैर्य : मेरे ऊपर चढ़ा है कर्ज
धीरजवार : कर्ज नहीं है मर्ज, जिसे चुकाना है मेरा फर्ज

जब आप धीरज के धनवान बन जाएँगे तो आप औरों को भी इस गुण को आत्मसात् करने की सलाह देंगे। क्योंकि संतुलित जीवन संगीत साधना (वॉच, वेट, वंडर) के लिए इनसान में धीरज का गुण विकसित होना सबसे मुख्य पड़ाव है। वरना धीरज के अभाव में क्या हो सकता है, इसका जीवंत उदाहरण है—महाभारत का युद्ध।

क्या आपने कभी सोचा है कि आज तक जितने भी युद्ध महायुद्ध हुए उनके पीछे मुख्य कारण धीरज का न होना या धीरज खोना है। इसलिए यह जरूरी है कि समय रहते हम अपने अंदर यह गुण विकसित कर, संतुलित जीवन संगीत का आनंद लें।

मीरा के पति भोजराज के गुजर जाने के बाद राणा विक्रमादित्य ने उदाबाई के साथ मिलकर मीरा पर कई अत्याचार किए, लेकिन मीरा हर अत्याचार से तपकर और भी निखरती गई।

एक बार राणा विक्रमादित्य ने मीरा के पास 'कृष्ण के लिए फूलों की माला भेजी है', ऐसा कहलवाकर एक बक्सा भिजवाया। हकीकत में उस बक्से में फूलों की माला की जगह साँप भेजा गया था। मीरा ने खुशी से वह बक्सा खोला और साँप को अपने हाथों से ऐसे उठाया जैसे फूलों का हार उठा रही हो। देखनेवालों के लिए यह घटना किसी आश्चर्य से कम न थी। वह चकित थे कि मीरा ऐसा कैसे कर पाई!

मीरा के जीवन ने साबित किया कि 'दुनिया वैसी है, जैसी हमारी चेतना है।' मीरा तो साँप को हार मानकर ही उठा रही थी और साँप ने भी उसे कोई नुकसान नहीं पहुँचाया, क्योंकि साँप भी तभी काटता है, जब वह स्वयं के लिए खतरा महसूस करता है। मीरा तो तेजप्रेम से भरी थी और हरेक में अपने श्रीकृष्ण को ही देखती थी। इसलिए साँप भी अपने आपको मीरा के हाथों में सुरक्षित महसूस कर रहा था। बाद में दासियों ने झटककर साँप को नीचे गिरा दिया, मगर मीरा के प्रेमभरे कोमल स्पर्श से साँप भी पालतू बन गया, दंश करने के अपने स्वभाव को भूल गया।

निस्स्वार्थ, बेशर्त, ईश्वरीय प्रेम में इतनी शक्ति होती है कि कठोर इनसान तो क्या, जहरीला, खूँखार जानवर भी प्रेम में पिघल जाता है। ऐसे कई संत-महात्माओं की कहानियाँ आज इतिहास में दर्ज हैं, जिनमें प्रेम, आनंद और भक्ति की गाथा उभरकर सामने आई है। चूँकि कहानियों में छिपे गूढ़ रहस्य पर गहराई से सोचा नहीं जाता, इसलिए कहानियों में कुछ चमत्कारिक बातें लिखी जाती हैं। जैसे—मीरा के साथ हुई इस घटना में बताया गया कि 'बक्से में बंद साँप हार बन गया।' मगर मीरा का भाव, उसका अनुभव मीरा के बगैर भला कोई और कैसे जान पाएगा, क्योंकि यह सब इतनी सूक्ष्म और अदृश्य बातें हैं कि बिना उसे समझे, उसका अनुभव किए प्रेम, आनंद, स्वानुभव को समझ पाना कठिन ही नहीं बल्कि नामुमकिन है। यही वजह थी कि साँप का हार बन जानेवाली घटना को मीरा के आस-पास उपस्थित लोगों ने अलग-अलग तरीके से बयान किया। जबकि इसका सीधा, सहज और सरल अर्थ बनता है—'मीरा के लिए दुनिया वैसी थी, जैसे कृष्ण चेतना थी।'

इसी सत्य को अब आज के उदाहरण से समझते हैं। स्कूल या कॉलेज में आपने अकसर देखा होगा कि कुछ विद्यार्थी किसी एक शिक्षक की क्लास में शांत रहते हैं तो दूसरे शिक्षक की क्लास में आसमान सिर पर उठा लेते हैं। इसका क्या कारण हो सकता है ? इसमें मूल बात यह है कि बच्चों के बारे में शिक्षक के भीतर कौन सी मान्यता है। पहला शिक्षक सोचता है, 'बच्चे बहुत अच्छे हैं।' परिणामत: अपने आप बच्चे उसकी बात सुनते हैं। इसके विपरीत, दूसरा शिक्षक यह सोचता है कि सारे बच्चे लुच्चे, लफंगे, अमीर बाप के बिगड़े हुए बच्चे हैं। इसका सीधा परिणाम यह होता है कि बच्चे उससे वैसा ही व्यवहार करते हैं।

इस तरह आपने समझा कि बाहर जो हो रहा है, वह आपके भीतर के मनोभावों का दर्पण है।

कुदरत का यह नियम है कि आप उसे जो देते हैं, वह केवल उस चीज को लेती है और आपको ही अधिक मात्रा में वापस देती है। यदि आप कुदरत को अच्छाई, प्रेम और विश्वास के बीज देंगे तो आप अनुभव करेंगे कि पूरा विश्व आपको अच्छाई, प्रेम और विश्वास दे रहा है, वह भी कई गुना बढ़ाकर। उसी तरह यदि आप कुदरत को नफरत, द्वेष, घृणा देंगे तो वह उन्हें भी आपको लौटाएगी, वह भी कई गुना बढ़ाकर।

अकसर लोग शिकायतों से भरा जीवन जीते हैं। वह अपनी असफलता का दोष अपने रिश्तेदारों, सहकर्मियों और मित्रों पर मढ़ते रहते हैं। लेकिन वस्तुत: संसार एक परदा है, जिस पर आप अपने मानसिक गुणों, अनसुलझे भावों और कमियों को प्रोजेक्ट (प्रकट) करते हैं। इस तरह आपको वही विश्व दिखाई देता है, जो वास्तव में आपके द्वारा प्रेषित चित्रों का ही प्रतिबिंब है। लोग, स्थितियाँ, मौसम, चीजें—हर वह चीज, जिसका आप अनुभव करते हैं, आपकी अनुभूति द्वारा ही आकार लेती है। इसलिए संसार को इनसान के जीवन का दर्पण कहा गया है।

आज के बाद आपको विश्व में कोई भी चीज गलत दिखे तो तुरंत अपने भीतर के विचार बदलकर, कुदरत में सही विचार बोएँ। यह विचार

फिर कई गुना बढ़कर आपकी ही दुनिया में लौटकर आनंद और शांति फैलाएँगे।

यदि आपने कुदरत की इस व्यवस्था को समझ लिया तो आप सदा संतुलित जीवनभरा संगीत सुनकर आजादी की घोषणा कर सकते हैं।

❐

परिशिष्ट 4

तेजज्ञान फाउंडेशन-परिचय

तेजज्ञान फाउंडेशन आत्मविकास से आत्मसाक्षात्कार प्राप्त करने का एक रास्ता है। इसके लिए सरश्री द्वारा एक अनूठी बोध पद्धति (System for Wisdom) का सृजन हुआ है। इस पद्धति को अंतरराष्ट्रीय मानक ISO9001:2008 के आवश्यकताओं एवं निर्देशों के अनुरूप ढालकर सरल, व्यावहारिक एवं प्रभावी बनाया गया है।

इस संस्था की बोध पद्धति के विभिन्न पहलुओं (शिक्षण, निरीक्षण व गुणवत्ता) को स्वतंत्र गुणवत्ता परीक्षकों (Quality Auditors) द्वारा क्रमबद्ध तरीके से जाँचा गया। जिसके बाद इन पहलुओं को ISO9001:2008 के अनुरूप पाकर इस बोध पद्धति को प्रमाणित किया गया है।

फाउंडेशन का लक्ष्य आपको नकारात्मक विचार से सकारात्मक विचार की ओर बढ़ाना है। सकारात्मक विचार से शुभ विचार, यानी हैप्पी थॉट्स (विधायक आनंदपूर्ण विचार) और शुभ विचार से निर्विचार की ओर बढ़ा जा सकता है। निर्विचार से ही आत्मसाक्षात्कार संभव है। शुभ विचार (Happy Thoughts), यानी यह विचार कि 'मैं हर विचार से मुक्त हो जाऊँ।' शुभ इच्छा यानी यह इच्छा कि 'मैं हर इच्छा से मुक्त हो जाऊँ।'

ज्ञान का अर्थ है सामान्य ज्ञान, लेकिन तेजज्ञान यानी वह ज्ञान, जो ज्ञान व अज्ञान के परे है। कई लोग सामान्य ज्ञान की जानकारी को ही ज्ञान समझ लेते हैं, लेकिन असली ज्ञान और जानकारी में बहुत अंतर है। आज लोग सामान्य ज्ञान के जवाबों को ज्यादा महत्त्व देते हैं। उदाहरण के तौर पर, कर्म और भाग्य, योग और प्राणायाम, स्वर्ग और नर्क इत्यादि। आज के युग में सामान्य ज्ञान प्रदान करनेवाले लोग और शिक्षक कई मिल जाएँगे, मगर इस ज्ञान को पाकर जीवन में कोई बड़ा

परिवर्तन नहीं होता। यह ज्ञान या तो केवल बुद्धि-विलास है या फिर अध्यात्म के नाम पर बुद्धि का व्यायाम है।

सभी समस्याओं का समाधान है—तेजज्ञान। भय से मुक्ति, चिंतारहित व क्रोध से आजाद जीवन है—तेजज्ञान। शारीरिक, मानसिक, सामाजिक, आर्थिक और आध्यात्मिक उन्नति के लिए है—तेजज्ञान। तेजज्ञान आपके अंदर है, आएँ और इसे पाएँ।

यदि आप ऐसा ज्ञान चाहते हैं, जो सामान्य ज्ञान के परे हो, जो हर समस्या का समाधान हो, जो सभी मान्यताओं से आपको मुक्त करे, जो आपको ईश्वर का साक्षात्कार कराए, जो आपको सत्य पर स्थापित करे तो समय आ गया है तेजज्ञान को जानने का। समय आ गया है शब्दोंवाले सामान्य ज्ञान से उठकर तेजज्ञान का अनुभव करने का।

अब तक अध्यात्म के अनेक मार्ग बताए गए हैं, जैसे—जप, तप, मंत्र, तंत्र, कर्म, भाग्य, ध्यान, ज्ञान, योग और भक्ति आदि। इन मार्गों के अंत में जो समझ, जो बोध प्राप्त होता है, वह एक ही है। सत्य के हर खोजी को अंत में एक ही समझ मिलती है और इस समझ को सुनकर भी प्राप्त किया जा सकता है। उसी समझ को सुनना यानी तेजज्ञान प्राप्त करना है। तेजज्ञान के श्रवण से सत्य का साक्षात्कार होता है, ईश्वर का अनुभव होता है। यही तेजज्ञान सरश्री महाआसमानी शिविर में प्रदान करते हैं।

महाआसमानी शिविर (निवासी)

क्या आपको उच्चतम आनंद पाने की इच्छा है? ऐसा आनंद, जो किसी कारण पर निर्भर नहीं है, जिसमें समय के साथ केवल बढ़ोतरी ही होती है। क्या आप इसी जीवन में प्रेम, विश्वास, शांति, समृद्धि और परम संतुष्टि पाना चाहते हैं? क्या आप शारीरिक, मानसिक, सामाजिक, आर्थिक और आध्यात्मिक इन सभी स्तरों पर सफलता हासिल करना चाहते हैं? क्या आप 'मैं कौन हूँ' इस सवाल का जवाब अनुभव से जानना चाहते हैं।

यदि आपके अंदर इन सवालों के जवाब जानने की और 'अंतिम सत्य' प्राप्त करने की प्यास जगी है तो तेजज्ञान फाउंडेशन द्वारा आयोजित 'महाआसमानी शिविर' में आपका स्वागत है। यह शिविर पूर्णतः सरश्री की शिक्षाओं पर आधारित है। सरश्री आज के युग के आध्यात्मिक गुरु और 'तेजज्ञान फाउंडेशन'

के संस्थापक हैं, जो अत्यंत सरलता से आज की लोकभाषा में आध्यात्मिक समझ प्रदान करते हैं।

महाआसमानी शिविर का उद्देश्य

इस शिविर का उद्देश्य है, 'विश्व का हर इनसान 'मैं कौन हूँ' इस सवाल का जवाब जानकर सर्वोच्च आनंद में स्थापित हो जाए।' उसे ऐसा ज्ञान मिले, जिससे वह हर पल वर्तमान में जीने की कला प्राप्त करे। भूतकाल का बोझ और भविष्य की चिंता इन दोनों से वह मुक्त हो जाए। हर इनसान के जीवन में स्थायी खुशी, सही समझ और समस्याओं को विलीन करने की कला आ जाए। मनुष्य जीवन का उद्देश्य पूर्ण हो।

'मैं कौन हूँ? मैं यहाँ क्यों हूँ? मोक्ष का अर्थ क्या है? क्या इसी जन्म में मोक्ष प्राप्ति संभव है?' यदि ये सवाल आपके अंदर हैं तो महाआसमानी शिविर इसका जवाब है।

महाआसमानी शिविर के मुख्य लाभ

इस शिविर के लाभ तो अनगिनत हैं, मगर कुछ मुख्य लाभ इस प्रकार हैं—

- जीवन में दमदार लक्ष्य प्राप्त होता है।
- 'मैं कौन हूँ' यह अनुभव से जानना (सेल्फ रियलाइजेशन) होता है।
- मन के सभी विकार विलीन होते हैं।
- भय, चिंता, क्रोध, बोरडम, मोह, तनाव जैसी कई नकारात्मक बातों से मुक्ति मिलती है।
- प्रेम, आनंद, मौन, समृद्धि, संतुष्टि, विश्वास जैसे कई दिव्य गुणों से युक्ति होती है।
- सीधा, सरल और शक्तिशाली जीवन प्राप्त होता है।
- हर समस्या का समाधान प्राप्त करने की कला मिलती है।
- 'हर पल वर्तमान में जीना' यह आपका स्वभाव बन जाता है।
- आपके अंदर छिपी सभी संभावनाएँ खुल जाती हैं।
- इसी जीवन में मोक्ष (मुक्ति) प्राप्त होता है।

महाआसमानी शिविर में भाग कैसे लें?

इस शिविर में भाग लेने के लिए आपको कुछ खास माँगें पूरी करनी होती हैं; जैसे—

(1) आपकी उम्र कम से कम अठारह साल या उससे ऊपर होनी चाहिए।

(2) आपको सत्य स्थापना शिविर (फाउंडेशन ट्रुथ रिट्रीट) में भाग लेना होगा, जहाँ आप सीखेंगे—वर्तमान के हर पल को कैसे जीया जाए और निर्विचार दशा में कैसे प्रवेश पाएँ।

(3) आपको कुछ प्राथमिक प्रवचनों में उपस्थित होना है, जहाँ आप बुनियादी समझ आत्मसात् कर महाआसमानी शिविर के लिए तैयार होते हैं।

यह शिविर साल में तीन या चार बार आयोजित होता है, जिसका लाभ हजारों खोजी उठाते हैं। इस शिविर की तैयारी आगे दिए गए स्थानों पर कराई जाती है। पुणे, मुंबई, दिल्ली, सांगली, सातारा, जलगाँव, अहमदाबाद, कोल्हापुर, नासिक, अहमदनगर, औरंगाबाद, सूरत, बरोडा, नागपुर, भोपाल, रायपूर, चेन्नई, वर्धा, अमरावती, चंद्रपुर, यवतमाल, रत्नागिरी, लातूर, बीड, नांदेड, परभणी, पनवेल, ठाणे, सोलापुर, पंढरपुर, अकोला, बुलढाणा, धुले, भुसावल, बैंगलोर, बेलगाम, धारवाड, भुवनेश्वर, कोलकाता, राँची, लखनऊ, कानपुर, चंडीगढ़, जयपुर, पणजी, म्हापसा, इंदौर, इटारसी, हरदा, विदिशा, बुरहानपुर।

आप महाआसमानी की तैयारी फाउंडेशन में उपलब्ध सरश्री द्वारा रचित पुस्तकों, सी.डी. और कैसेट्स सुनकर कर सकते हैं। इसके अलावा आप टी.वी., रेडियो और यू-ट्यूब पर सरश्री के प्रवचनों का लाभ ले सकते हैं; मगर याद रहे, ये पुस्तकें, कैसेट, टी.वी., रेडियो और यू-ट्यूब के प्रवचन शिविर का परिचय मात्र हैं, तेजज्ञान नहीं। आप महाआसमानी शिविर में भाग लेकर ही तेजज्ञान का आनंद ले सकते हैं। आगामी महाआसमानी शिविर में अपना स्थान आरक्षित करने के लिए संपर्क करें—09921008060/75, 9011013208

महाआसमानी शिविर स्थान

यह शिविर पुणे में स्थित मनन आश्रम पर आयोजित किया जाता है। इस शिविर के लिए भोजन और रहने की व्यवस्था की जाती है। यदि आपको कोई शारीरिक बीमारी है और आप नियमित रूप से दवाई ले रहे हैं तो कृपया अपनी दवाइयाँ साथ में लेकर आएँ । वातावरण अनुसार गरम कपड़ें, स्वेटर, कंबल आदि भी लाएँ।

'मनन आश्रम' पुणे शहर के बाहरी क्षेत्र में पहाड़ों और निसर्ग के असीम सौंदर्य के बीच बसा हुआ है। इस आश्रम में पुरुषों और महिलाओं के लिए अलग-अलग, कुल मिलाकर 700 से 800 लोगों के रहने की व्यवस्था है। यह आश्रम पुणे शहर से 17 किलोमीटर की दूरी पर है। हवाई अड्डा, हाइवे और रेलवे से पुणे आसानी से आ-जा सकते हैं।

मनन आश्रम : मनन आश्रम, पुणे, सर्वे नं. 43, सनस नगर, नांदोशी गाँव,
किरकट वाडी फाटा, तहसील-हवेली, जिला : पुणे-411024,
फोन : 09921008060

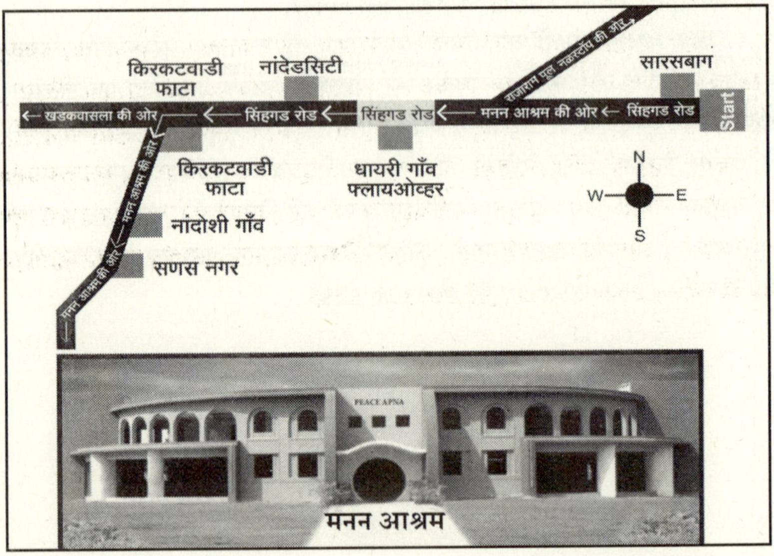